消费者感知
在线评论有用性
形成机理与评价

王俭 ◎ 著

图书在版编目（CIP）数据

消费者感知在线评论有用性形成机理与评价 / 王俭著. -- 成都：四川大学出版社，2024.9. -- ISBN 978-7-5690-7280-8

Ⅰ．F713.365.2

中国国家版本馆CIP数据核字第2024UL7448号

书　　名：消费者感知在线评论有用性形成机理与评价
　　　　　Xiaofeizhe Ganzhi Zaixian Pinglun Youyongxing Xingcheng Jili yu Pingjia
著　　者：王　俭

选题策划：王　静
责任编辑：王　静
责任校对：周维彬
装帧设计：墨创文化
责任印制：王　炜

出版发行：四川大学出版社有限责任公司
　　　　　地址：成都市一环路南一段24号（610065）
　　　　　电话：（028）85408311（发行部）、85400276（总编室）
　　　　　电子邮箱：scupress@vip.163.com
　　　　　网址：https://press.scu.edu.cn
印前制作：四川胜翔数码印务设计有限公司
印刷装订：四川省平轩印务有限公司

成品尺寸：170mm×240mm
印　　张：8.5
字　　数：181千字

版　　次：2024年9月 第1版
印　　次：2024年9月 第1次印刷
定　　价：40.00元

本社图书如有印装质量问题，请联系发行部调换

版权所有 ◆ 侵权必究

扫码获取数字资源

四川大学出版社
微信公众号

前　　言

　　电子商务的快速发展不仅使消费者能在时间和空间上体验到消费的愉快，同时其在线评论平台也为消费者之间进行沟通提供了一个渠道。但信息过载、信息碎片化等诸多问题会影响在线评论信息环境的发展，不利于为消费者购买决策提供信息支持。因此，在线评论平台需要以先进和务实的理论思想及管理方法对在线评论信息内容及与其相关的信息技术进行优化设计。本书的主要目的是提高消费者对在线评论有用性的感知、辅助消费者进行购买决策及对在线评论平台信息内容进行优化管理，因此引入刺激－有机体－反应（Stimulus－Organism－Response，SOR）理论，揭示了消费者感知在线评论有用性的形成机理并对其进行有用性评价，这对于上述目标的达成均具有重要的理论和现实意义。

　　本文在归纳和整理 SOR 理论、消费者对在线评论的感知及在线评论有用性评价等相关国内外研究现状的基础上，对消费者感知过程、在线评论特点和在线评论有用性的内涵等进行了梳理。在此基础上，对消费者感知在线评论有用性的形成动力、形成阶段、影响因素和形成途径分别进行深入研究。基于相关原则和对 SOR 理论适用性的分析，构建消费者感知在线评论有用性的形成机理和评价研究框架，包括刺激因素识别、消费者感知在线评论有用性的情感心理及行为分析、消费者感知在线评论有用性的信任心理及行为分析、基于消费者感知过程的在线评论有用性评价和提升策略等研究内容。

　　首先，刺激因素识别阶段主要是从信息内容视角和信息人视角分析相关因素对在线评论有用性的影响，从知识特征视角对在线评论有用性刺激因素进行细化研究，并运用 Tobit 模型进行检验。

　　其次，消费者感知在线评论有用性的情感心理及行为分析阶段，本书主要研究在线评论对消费者愉快情感和唤起情感的影响及情感对消费者行为的作用。研究结果表明，在线评论信息质量对消费者愉快情感的作用效果最为显著，感知相似性对消费者唤起情感的影响更为明显，而信息环境技术对消费者情感的影响存在差异。

　　再次，消费者感知在线评论有用性的信任心理及行为分析阶段，主要研究在线评论对消费者信任的影响机制，及其反作用于消费者行为的效果。本部分基于 SOR 理论和信任理论，以信任型商品的在线评论为研究对象，主要分析在线评论对消费者认知信任和情感信任的影响。基于效应层级模型可知认知信任和情感信任具有非平行关系，且对消费者感知在线评论有用性的看法存在差异。

最后，基于消费者感知的在线评论有用性评价，主要衡量消费者对在线评论有用性的感知程度，同时检验了在线评论平台对消费者购买决策的支持效果和平台的运行效果。已有研究主要基于在线评论信息内容提出有效筛选高质量在线评论信息内容的评价方法，而本书不仅关注为消费者提供高质量的在线评论信息内容，同时注重在线评论平台的可持续发展，通过在线评论有用性评价发现其存在的不足之处并进行完善。

本书通过研究消费者感知在线评论有用性的形成机理并在此基础上对在线评论有用性进行评价，不仅有利于消费者根据有价值的评论内容进行决策，更有助于对平台的管理和功能进行优化，提升电子商务平台整体的运行质量。

目 录

第1章 导论	1
1.1 研究背景	1
1.2 研究目的和意义	3
1.3 国内外研究现状及评述	4
1.4 主要研究内容与研究方法	14

第2章 相关概念界定和理论基础	18
2.1 相关概念界定	18
2.2 相关理论	24
2.3 本章小结	26

第3章 消费者感知在线评论有用性的形成机理与评价研究框架	27
3.1 消费者感知在线评论有用性的形成动力	27
3.2 消费者感知在线评论有用性的形成阶段	31
3.3 消费者感知在线评论有用性的刺激因素	35
3.4 消费者感知在线评论有用性的形成路径	37
3.5 基于SOR理论的研究总体框架设计	41
3.6 本章小结	44

第4章 消费者感知在线评论有用性的刺激因素分析	45
4.1 刺激因素分析的概念模型	45
4.2 消费者感知在线评论有用性的刺激因素分析及研究假设	47
4.3 数据来源与研究方法	50
4.4 刺激因素分析的实证检验	55
4.5 刺激因素分析的检验结果讨论	57
4.6 本章小结	58

第5章 消费者感知在线评论有用性的情感心理及行为反应分析	59
5.1 情感路径下消费者感知在线评论有用性的概念模型	59
5.2 与消费者情感心理相关的研究假设	61
5.3 调查设计和研究方法	64
5.4 形成机理的实证检验	67

  5.5　形成机理的检验结果讨论 …………………………………………… 71
  5.6　本章小结 ………………………………………………………………… 72

第6章　消费者感知在线评论有用性的信任心理及行为反应分析 ………… 74
  6.1　信任路径下消费者感知在线评论有用性的概念模型 ………………… 74
  6.2　与消费者信任心理相关的研究假设 …………………………………… 76
  6.3　数据来源和量表设计 …………………………………………………… 79
  6.4　形成机理的实证检验 …………………………………………………… 82
  6.5　形成机理检验结果讨论 ………………………………………………… 86
  6.6　本章小结 ………………………………………………………………… 87

第7章　基于消费者感知的在线评论有用性评价研究 …………………………… 88
  7.1　基于消费者感知的在线评论有用性评价目的和思路 ………………… 88
  7.2　在线评论有用性评价指标体系构建 …………………………………… 89
  7.3　在线评论有用性评价方法的选择 ……………………………………… 90
  7.4　在线评论有用性评价实证结果讨论 …………………………………… 92
  7.5　本章小结 ………………………………………………………………… 97

第8章　消费者感知在线评论有用性的提升策略 ………………………………… 99
  8.1　提升在线评论信息质量的策略 ………………………………………… 99
  8.2　强化在线评论信息主体参与社群行为的策略 ………………………… 103
  8.3　改善在线评论信息技术环境的策略 …………………………………… 106
  8.4　本章小结 ………………………………………………………………… 108

参考文献 ……………………………………………………………………………… 109

附　录 ………………………………………………………………………………… 123

后　记 ………………………………………………………………………………… 126

第1章 导论

1.1 研究背景

2024年第53次《中国互联网络发展状况统计报告》的调查数据显示，截至2023年12月，我国在线网购用户人数接近9.15亿，较上一年度末增长约4.6%，约占全部上网人数的83.8%（中国互联网络信息中心，2024）。相较于传统的营销方式，网络营销成为中国经济新的增长点。电子商务快速发展的同时，网络口碑也越来越影响消费者的行为。在线评论作为一种最为重要的网络口碑形式，改变了消费者信息搜索方式和决策制定的习惯。消费者会对在线评论产生很深刻的依赖行为。同时，平台管理者和商家也非常重视在线评论对电子商务发展的影响。国内的淘宝、天猫商城、京东商城、苏宁易购和大众点评，国外的猫途鹰（TripAdvisor）和亚马逊（Amazon）等著名网站均设有在线评论区域，并且在在线评论平台内部提供多种便于消费者发表评论内容和进行经验交流的服务工具。潜在消费者也可以通过在线评论平台浏览和获取对自己有用的商品信息、商家服务信息和物流信息，支持其进行购买决策。

商家和平台也采用各种激励手段促进消费者发表在线评论，如商家在销售过程中重视对消费者的服务质量和服务态度，以折扣等形式进行物质激励；电商平台则通过会员升级、累计抵现、兑换其他商品或服务等优惠措施激励消费者发表在线评论。在此背景下，在线评论数量呈飞速增长的发展趋势，数量已不是困扰消费者的主要问题。由于在线评论质量参差不齐，如何提高消费者感知在线评论有用性是急需解决的关键问题。目前，电子商务网站的在线评论信息内容主要包括评论者等级、消费者发表的评论文本、评论图片、评论发表时间、评论星级、评论赞同投票数和评论回复数及回复内容等，多数研究者主要从这些方面对在线评论有用性的影响因素进行分析和利用这些关键因素对在线评论有用性进行评价，而忽略在线评论信息接收者对在线评论有用性评价的影响。

首先，在线评论有用性影响因素分析方面，评论长度被广泛用于衡量在线评论信息质量，但评论长度越长并不能保证信息内容的价值越高。因此研究者应充分理解信息质量的内涵，寻找更准确的信息质量衡量指标，才能更有效地分析在线评论信息内容对消费者感知在线评论有用性的影响。

其次，消费者感知在线评论有用性是一种认知过程，在线评论信息内容由信息发送者传递给信息接收者必会对后者的心理状态产生影响，其主要表现为对信息接收者情感体验和信任心理的影响，进而影响消费者对在线评论有用性感知的评价行为。但已有研究并未详细地分析刺激因素对消费者心理变化的影响以及消费者心理对在线评论有用性感知行为的作用。因此，考虑在线评论信息接收者的心理机制是未来在线评论有用性刺激因素分析和提高消费者对在线评论有用性感知亟待解决的问题。

再次，在潜在消费者（信宿）方面，在线评论赞同投票数反映了潜在消费者对此条在线评论感知有用性的判断，是在线评论平台提供的一种支持消费者筛选有用在线评论信息内容的方法，是被广泛应用于衡量在线评论有用性的指标，是对在线评论有用性直接、肯定的回答。那么是否存在其他指标可以间接地描述消费者在交互过程中对在线评论有用性的感知？这个问题的解决对于完善在线评论有用性评价指标体系的研究具有重要意义。

学术界提出了一系列的解决方案，主要涉及对评价目标、评价特征和评价技术等方面的优化改良（杨铭，祁巍，闫相斌，等，2012）。基于对在线评论效用评价特征的分析可以发现，在线评论有用性的评价主要是根据在线评论信息内容进行评价的，即从信源角度对在线评论的有用性进行评价，但设置在线评论的主要目的是辅助潜在消费者进行购买决策，潜在消费者对在线评论有用性的行为反应也是在线评论有用性评价应重点考虑的因素，这样才能实现在线评论信息内容在信源和信宿之间的高质量传递。因此，如何同时考虑信源和信宿因素提高在线评论有用性评价水平是值得思考的问题。此外，已有研究对在线评论有用性的评价是基于消费者发表的在线评论信息内容进行评价，并识别出有价值、高质量的在线评论信息内容，但并不能基于评价结果发现在线评论在有用性方面存在的问题并提出可改善的对策和建议。

由此可见，本书基于消费者感知过程对在线评论有用性形成机理进行分析和对在线评论有用性进行评价，应综合考虑在线评论信息发送者和接收者两方面的因素，以便为消费者提供更好的决策支持。本书重点从在线评论信息质量视角分析了刺激因素对在线评论有用性的影响，通过引入 SOR 理论，结合信息生态系统构成要素分析在线评论信息质量特征、信息人特征和信息技术特征对消费者情感和信任的作用，及其反作用于消费者行为的影响，最后基于消费者感知过程，提出在线评论有用性的评价方法，在此基础上提出改善在线评论信息质量的对策和建议。

1.2 研究目的和意义

1.2.1 研究目的

电子商务网站中在线评论数量过多且质量参差不齐，无法为消费者提供有用的信息辅助其购买决策。本书在学习和借鉴已有文献的基础上，运用心理学、消费者行为学等方面的相关理论知识，从消费者感知在线评论有用性形成过程的视角出发，分析消费者感知在线评论有用性的各个阶段，进而构建在线评论有用性评价体系，其研究目的主要涉及以下四点：第一，识别消费者感知在线评论有用性的刺激因素；第二，揭示在线评论刺激因素对消费者情感和信任形成的影响；第三，明确信任和情感对消费者感知在线评论有用性行为的影响；第四，对在线评论有用性进行评价，发现在线评论信息传递过程中存在的问题，为在线评论平台的优化设计提供支持，实现提高消费者对在线评论有用性感知程度的目标，辅助其进行购买决策。

1.2.2 研究意义

1. 理论意义

本书研究的理论意义在于以下两个方面，详情如下：
（1）从信息生态系统视角分析在线评论有用性的刺激因素。

信息采纳模型（Information Adoption Model，IAM）分析了信息生态系统中信息要素（核心路径）和信息人要素（边缘路径）对消费者感知在线评论有用性的作用机制，但忽略了信息环境中技术因素对网购环境下消费者购买决策的影响（Sussman，Siegal，2003）。互联网、大数据和云计算等技术的应用是在线购物区别于传统购物这一购买方式的重要方面。在线评论平台中信息技术的使用对消费者心理及其行为反应会产生重要影响。本书以信息生态系统构成要素作为理论支撑，既考虑了信息采纳模型中信息质量和信源可靠性两方面的相关因素，同时也将信息技术作为消费者感知在线评论有用性的影响因素之一，从信息、信息人和信息技术三个方面分析了在线评论的刺激因素。

（2）运用 SOR 理论和效应层级模型分析在线评论中的刺激因素对消费者行为意向的影响机制。

基于信息采纳模型和信息生态系统理论提出消费者感知在线评论有用性的刺激因素，再分析刺激因素对消费者心理活动的影响机理。首先，本书分析了在线评论刺激因素对消费者愉快情感和唤起情感的影响，及其对消费者行为反应的作用效果。其次，本书分析了在线评论刺激因素对消费者认知信任和情感信任的影响，以及认知信任和情感信任之间作用关系和对消费者行为反应的影响。

2. 现实意义

本书研究的现实意义主要表现为以下两个方面，详情如下：

（1）有助于为潜在消费者提供高质量的在线评论信息内容。

通过分析消费者感知在线评论有用性的形成机理并对在线评论有用性进行评价，继而提出在线评论平台的改进策略，可以提高在线评论的信息质量，缓解在线评论信息质量参差不齐的现状。通过了解消费者对在线评论刺激因素的心理反应和行为反应，可以进一步明确提供哪些信息会有助于消费者感知在线评论的有用性并辅助其进行购买决策。

（2）有助于提升在线评论平台的运行质量。

本书分析消费者感知在线评论有用性的形成机理，并在此基础上对在线评论有用性进行整体评价。根据松弛变量分析中目标值和实际值的差异，可以明确平台对在线评论进行改进的方向和强度，有助于电子商务网站完善在线评论平台的内部功能，使消费者发表更能引导其他消费者产生购买行为的高效评论内容，提高在线评论平台的运行能力和质量。

1.3　国内外研究现状及评述

1.3.1　消费者在线评论感知研究

相关研究主要利用眼动追踪技术、脑电图（Electroencephalograph，EEG）或事件相关电位（Event-Related Potential，ERP）和问卷调查等方式分析消费者对在线评论的感知情况。感知与认知都属于个体心理活动，虽然表述和内涵有些许差异，但结合本书的内容，笔者认为二者在本书中的内涵是一致的。

眼动追踪技术主要根据热图、注视时间、注视点个数和注视次数等指标分析消费者对在线评论有用性的感知。如刁雅静、何有世、王念新等（2017）基于眼动实验，从认知心理学视角对纯文字和含有图片的两类评论进行认知行为分析，并检验性别对认知行为的调节作用。眼动追踪技术的实验结果表明产品类型对消费者在线评论认知行为作用效果明显，性别在产品类型和消费者在线评论认知之间能起到调节作用，女性在购买体验型产品时对含有图片的在线评论更加关注，而在购买搜索型商品时则对纯文字的评论内容更加信赖。王翠翠和高慧（2018）基于归因理论、负面偏差效应等理论运用眼动追踪技术研究追加评论与在线评论有用性认知过程之间的关系，研究表明消费者对负面评论和不一致评论的感知有用性更强。Noone、Robson（2018）运用眼动实验对消费者购买决策的信息处理阶段进行分析发现，在选择酒店时，其他消费者生成的产品信息对潜在消费者具有重要影响。Amblee、Ullah、Kim（2017）运用眼动追踪技术研究不同在线评论评论者与信息搜索成本之间的关系，发现无论是专家评论还是普通消费者的评论都可以降低认知成本和搜索成本。

脑电图或事件相关电位是以个体的脑活动产生的脑电信号为基础进行认知分析。已有研究运用事件相关电位技术研究产品评分和销售量两个影响因素对消费者购买决策的神经机制，发现消费者认知经历了感知风险、认知冲突和评论分类等一系列的心理认知过程（潘煜，万岩，陈国青，等，2018）。Bai、Yao、Cong等（2015）运用脑电图将社交电子商务评论和电子商务评论作为激发事件相关潜能的刺激物，研究两者之间的神经机制。研究发现社交电子商务评论和电子商务评论的刺激可以成功地诱发大脑活动，并且社交电子商务评论比电子商务评论诱导的事件相关电位成分具有更高的振幅，这说明参与者对社交电子商务评论的关注程度高于电子商务评论。社交电子商务评论是朋友间相互推送而获得的评论，这说明具有更多好友的评论者其在线评论更能使消费者感知有用。Shen、Shan、Luan（2018）基于事件相关电位研究评论等级对购买决策的影响，认为1星和5星等极端评价相对于3星的中性评价，可以诱发更大的事件相关电位成分，因此极端评价可使消费者更容易做出购买决策。

问卷调查法是心理学、社会学和管理学领域研究的重要方法。眼动追踪和脑电图或事件相关电位技术对在线评论有用性感知的研究也要结合量表对研究变量进行测量。如Luan、Yao、Zhao等（2016）利用眼动实验和调查问卷相结合的方法对消费者在线搜索行为进行研究发现，消费者在购买搜索型产品时对基于属性的评论的反应更积极，而在购买体验型产品时则对关于体验的评论内容的反应更积极。独立使用问卷调查方法研究在线评论对消费者认知的影响也非常普遍。如曹高辉、虞松涛、张煜轩等（2017）利用量表分析在线评论对消费者满意心理的影响机制。

因此，考虑到常用的神经科学方法在研究成本、时间分辨率、空间分辨率、实验环境条件、对身体和实验的副作用等方面存在的不足，问卷调查法目前依然是研究个体心理活动的主要方法。

1.3.2 在线评论有用性影响因素

1. 与评论内容相关的影响因素

与评论内容相关的影响因素主要包括评论深度和评论可读性两个维度，其中评论深度主要是以评论内容的总字数、评论数量进行衡量，可以衡量评论内容的信息质量和信息量。消费者对产品的评论内容越多，越有助于减少消费者对产品的感知风险和不确定性程度。在其他情况相同时，一条较长的评论内容包含更加全面和深入的信息，可以反映个体认知倾向并有助于在线评论有用性的形成。

一方面，为评论深度。评论深度与消费者感知在线评论有用性之间存在着正向关系，评论内容越多其有用性越显著。评论深度是关于评论的认知倾向，应该反映诊断内容，从而形成对评论有用性的有力评估，评论内容的情感倾向会影响消费者感知在线评论的有用性水平。评论内容的深度越深、内容偏差越小，评论内容对消费者越有帮助，评论中内容和数字评级可以共同为消费者创造价值。评论深度对消费者感知在线评论有用性的影响会受到很多因素的调节，如数值评级的偏差、最近评论的时间及评论者的声誉。评论文本的表现形式也会影响评论深度对消费者感知在线评论有用性的水平。有少数学者研究认为评论深度对消费者感知在线评论有用性具有负向影响或呈"U"型关系。如果评论的深度过大或过小，评论的情绪倾向过于两极分化，评论的有用性就会降低（Li，Zhang，Li，et al.，2022）。

另一方面，为评论可读性。评论内容可读性是指消费者阅读和理解评论内容所需要的认知能力。在线评论文本内容的可读性越高，越有助于提高消费者的阅读速度和理解程度，从而促进在线评论有用性的感知，最终影响产品销售成果。英文在线评论文本的可读性主要利用 Fog 指数、FRE 指数、ARI 指数和 Colemane-Liau 指数进行计算和测量，而中文在线评论文本的可读性主要利用机器学习方法和点评段落数进行评价。相关研究认为在线评论信息内容的可读性越高，在线评论的文本内容越容易理解，其对消费者的有用性越高。当在线评论信息内容令消费者需要更少的时间或附加条件（如受教育程度）就能理解时，评论内容将得到更多有用的投票。受教育程度低的读者也能很容易理解评论内容，即说明文章的可读性更好，因为它有更少的困难词汇（Fang，Ye，Kucukusta，et al.，2016）。但也有文献认为在线评论可读性与消费者感知在线评论有用性之间存在负向影响关系。

2. 与评论者相关的影响因素

在线评论有用性评价中,在线评论信息内容特征被认为是最有效的预测指标,但仍需要与评论者相关特征指标相结合来预测在线评论的有用性。信息采纳理论也强调了信源可靠性对消费者的影响。消费者根据在线评论信息内容进行购买决策的过程中,与评论者相关的影响因素,如积极程度、卷入度、经验、名誉、能力和社交等,可以增加消费者在线评论的可信度,如相关研究从评论者活动长度特征和评论者近度等维度来判断在线评论有用性的水平(Malik, Hussain, 2020)。快速增长的在线评论数量带来了信息过载的问题,这使得潜在消费者很难确定评论的质量,因此可以引入社交网络强度特征来考察好友和关注者对评论帮助性的影响。评论者年龄和评论者收到的有用投票总数对消费者感知在线评论有用性存在一定的影响,Liu、Li、Xu(2021)构建了一个深度学习模型来推断评论者的性格特征对在线评论有用性所起的作用,研究发现评论者人格特征与在线评论有用性之间具有较高的关联性,这些较高的评论有用性与评论者较高的开放性、严谨性、外向性和亲和性有关。Kwaks、Shen、Lee等(2023)整合评论者和读者对极差评论的不同观点,创新性地从评论者和读者的角度全面概述了差评的产生和消费过程,研究综合网站和社交网站上的负面情绪强度水平与评论有用性之间的关系,结果表明综合网站的评论者比社交网站的评论者更倾向于表达极端的负面情绪。但也有相关研究认为,与评论者相关的内容并不能提高消费者感知在线评论有用性的水平。在在线评论生成和消费的过程中,评论者个人信息披露对消费者感知在线评论有用性的影响存在着差异影响。在评论生成的过程中,评论者更有可能上传个人资料,以提高其评论内容的可信度。而在评论过程中,评论者的个人资料并不会增加评论的有用性(Kim, J. M., Kim M., Key, 2020)。相比低水平的评论者,高水平的评论者往往会给予被评论对象较低的评分和较长的评论,这对在线评论有用性的影响并不显著,需要考虑评论者水平,并研究评论对象的类型,分析其对消费者感知在线评论有用性的影响(Hlee, 2021)。

1.3.3 在线评论有用性评价研究

1. 评价特征

在线评论有用性的评价特征包括语法特征、语义特征、体裁特征和元数据特征(杨铭,祁巍,闫相斌,等,2012)。在线评论有用性的评价特征归纳如下

(见表1-1)。

表1-1 在线评论有用性的评价特征

评价特征	含义	举例
语法特征 (syntactic feature)	识别评论内容的语言属性	标点、虚词、词性标记 (百分比)
语义特征 (semantic feature)	与评论内容的实质内容相关	极性标识、评价组、 文脉特征
体裁特征 (stylistic feature)	属性或写作风格的标记	词汇（如拼写错误的百分比）、句法、结构、特定内容和特殊风格标记
元数据特征 (meta-data feature)	独立于评论文本，需要依靠外部知识	评论的得票数、发表时间、评论星级

(1) 语法特征。

Lee、Trimi、Yang（2018）认为产品类型对在线评论信息内容的语法特征及其有用性具有调节作用，名词、动词、形容词和副词对潜在消费者感知体验型商品的在线评论有用性具有显著作用，而对于搜索型商品，消费者更倾向于使用动词。Malik、Hussain（2018）对在线评论信息内容和评论者等影响因素进行分析后发现，利用评论内容中的空格数、辅助动词可以有效预测在线评论有用性。Ketron（2017）从语法结构角度对在线评论有用性进行研究，发现具有高质量语法结构的在线评论内容可以使消费者产生更高的可信度和更强烈的购买欲望，而低质量的在线评论内容其可信性较差，并不会使消费者产生更强烈的购买欲望。Singh、Irani、Rana等（2017）利用评论文本中的名词数量、形容词数量和动词数量等语法特征指标对在线评论有用性进行预测，发现其对潜在消费者的吸引力最差。Krishnamoorthy（2015）对形容词、状态动词、状态行为动词、解释行为动词和描述性行为动词等进行标记，并结合评论元数据、主观性和可读性等相关特点构建在线评论预测模型，发现两种混合特征数据集对在线评论有用性的预测具有更高的准确性。

(2) 语义特征。

Cheng、Jin（2019）利用文本挖掘和情感分析方法研究爱彼迎（Airban）消费者对在线评论信息内容的关注点，发现消费者喜欢在已有评论的基础上进行评论，评论内容中的地点、便利条件和服务水平是消费者最为看重的因素。Wu（2013）从三个实证分析中得出结论，认为消极的情感极性并不比积极的在线评论有用，消极效应可以通过操纵效价基线对在线评论进行逆转。Salehan、Kim（2015）利用情感挖掘方法对在线评论有用性进行评价，认为含有积极和中性情感的评论对消费者感知在线评论有用性具有正向影响。Ullah、Zeb、Kim

(2015)等检验电影在线评论中情感内容对在线评论赞同投票数的影响，认为包含更多情感内容的评论其赞同投票数越多，积极情感的评论内容对评论有用性具有正向影响。Chua、Banerjee（2016）将在线评论情感划分为有利的情感倾向、不利的情感倾向和混合情感，他们认为在线评论信息内容含有有利的情感倾向，可以吸引更多赞同投票，这是因为消费者浏览在线评论是为了寻找购买决策的支持证据。Ahmad、Laroche（2015）使用语义情感分析方法测量在线评论信息内容中的情感部分，认为不同情感对在线评论有用性的影响因素作用不同，带有确定性和自信性的情感更有助于潜在消费者进行信息搜索。Zhu、Yin、He（2014）基于精细加工可能性模型和信源可信性模型研究极端评论星级的调节作用，认为评论者无论是否为意见领袖，极端评论星级都会削弱评论者的可信性，消费者更期待获得一个平均星级的意见。基于情感分类方法从在线评论中抽取生气、害怕和悲伤三种离散情感并研究其对在线评论有用性的影响，研究证实生气对体验型商品在线评论有用性感知会产生更强的消极作用，害怕情感正向影响消费者对在线评论有用性的感知，而悲伤情感则会负向影响消费者对在线评论有用性的感知。

（3）体裁特征。

Pan、Zhang（2011）认为评论效价和评论长度对在线评论有用性具有积极的影响，而产品类型对评论内容特征和评论者特征与在线评论有用性之间的关系具有调节作用，他们还发现评论者语言表达的创新性与在线评论的有用性影响因素之间存在倒"U"关系。Guo、Zhou（2016）基于信息处理理论分析语言风格相似度对消费者感知在线评论效价和评论长度的影响，发现语言风格对消费者感知在线评论有用性具有积极的调节作用。Li、Pham、Chuang（2019）使用可信性、可读性、实证性和语言获取与词汇计数等四种问题对评论者有用性评分进行预测，其较之基准模型效果更好。Qazi、Syed、Raj等（2016）基于概念层的分析方法对每句话中重要概念的数量和每条评论中重要概念的数量与在线评论有用性之间的关系进行分析，发现其对潜在消费者感知在线评论有用性具有重要影响。Ong、Mannino、Gregg（2014）使用半自动自然语言处理技术比较尖刻评论和正常评论在信息性、主观性和可读性等方面的差异，结果表明尖刻评论和正常评论在主观性和可读性等方面存在显著差异。Korfiatis、García-bariocanal、Sánchez-alonso（2012）以整合性、可理解性和表达性三个要素为基础研究了评论内容的风格特征与在线评论得分之间的关系，构建了四种可读性的测量方法，结果表明可读性较评论长度对在线评论有用性的作用效果更强。Cao、Duan、Gan（2011）研究了评论文本中的单词数量、评论中的句子数量、单词中平均字母数、句子中平均字母数、支持观点数量、反对观点数量、总结性词语数量、标题数量、评论含有一个单词的数量、评论中含有两个到九个单词的数量和评论中超过十个单词数量等体裁风格对在线评论有用性的影响。

（4）元数据特征。

Yin、Mitra、Zhang（2016）考虑产品评论星级对在线评论有用性影响的差异，认为平均产品星级较低时，消极的评论内容对在线评论有用性感知的影响更大，而当平均评论星级较高时，积极的评论内容作用效果更好。Mudambi、Schuff（2010）认为评论星级和评论深度是影响在线评论有用性感知的重要元数据特征，评论星级可以反映消费者对产品的评价观点，一星代表极端消极的评价，而五星则反映消费者对产品极端积极的态度，评论长度可以增加信息的可诊断性，减少额外的信息搜索成本。Fang、Ye、Kucukusta等（2016）结合期望理论研究在线评论星级的三种偏态分布，发现星级的平均数大于多数消费者所选择的星级时消费者更期望听到消极的消息，因此，较低的评论星级更能使潜在消费者感知在线评论有用性。Cheng、Ho（2015）基于精细加工可能性模型对中心路径和边缘路径的在线评论可信性和有用性的影响因素进行分析发现，评论者的受关注数、评论者等级、评论图片和文本长度可以让消费者感觉在线评论内容更实用，边缘路径中的社会性因素对消费者感知在线评论有用性的影响更大。Wang、Li、Yi（2019）利用断点回归模型研究评论得分和评论星级对在线评论有用性的影响，研究结果表明尽管消费者评论得分对销售可能产生正向影响，但评论星级则在断点处表现为负向影响。Park、Nicolau（2015）对评论星级这一启发式信息线索研究后发现，评论星级对在线评论有用性具有不对称的"U"型分布，因对潜在消费者而言，积极或消极的极端星级评价内容比温和的评价内容对他们更有用。Lu、Wu、Tseng（2018）从动态和静态视角对在线评论有用性影响因素的作用效果进行分析，探索时间变化对在线评论有用性感知的影响，发现评论长度等评论质量特征对延长评论者发表高质量的、详细的评论信息的时间窗口发挥了积极作用。Fink、Rosenfeld、Ravid（2018）基于信息处理模型分析评论长度对在线评论有用性的影响，提出了评论长度与在线评论有用性感知之间存在倒"U"型的关系，并通过提高约束条件得到证实。此外，消费者评论星级与平均评论星级偏差较大的评论会获得更多有用的投票。评论星级的偏差分为内部偏差和外部偏差，而由评论者特征导致的内部星级偏差是影响在线评论有用性的主要原因。

2. 在线评论有用性评价方法

在线评论有用性评价方法是为消费者提供高质量信息内容的重要工具，主要包括排序、汇总和分类等三种方式。

（1）排序。

每个产品都拥有大量的在线评论，这使得消费者很难识别有用的在线评论和产品的真实质量。在线评论有用性排序是指遵循某种标准或某种计算方法将在线评论按照有用性大小进行排序，将高质量的在线评论信息内容呈现给信息接收者。Eslami、Ghasemaghaei、Hassanein（2018）在识别在线评论有用性影响因素作用程度的最佳范围的基础上，利用神经网络方法对商品评论和服务评论的影响因素进行有用性强度的排序。Saumya、Singh、Baabdullah 等（2018）基于评论文本、产品描述和消费者之间的问答信息对在线评论有用性的评分进行预测，利用梯度提升算法对有用性进行排序，研究结果表明包含产品描述信息和消费者问答数据的指标可以提高有用性得分的准确性。Wang、Chen、Wei（2018）考虑了在线评论的时序动态性，设计了一种有效的时间感知排序方法，一方面，解决了宏观和微观方面的信息衰退问题，另一方面，从一致性和时间意识相结合的角度考虑了产品特征和情感导向，可以为消费者提供高质量的评论内容。张艳丰、李贺、翟倩等（2016）从内容特征和形式特征两方面构建在线评论有用性评价指标体系，利用改进的 Topsis 方法作为排序的主要模型对手机评论进行实证检验，研究结果表明该方法可以有效减少消费者成本，辅助消费者进行购买决策。郭顺利、张向先、李中梅（2015）从用户需求视角对在线评论有用性排序模型进行研究，采用加权灰色关联分析方法对在线评论有用性指标进行计算和排序，并进行对比分析，结果表明该方法可以满足消费者需求，具有较大参考价值。王倩倩（2015）基于信息采纳理论从评论质量和评论者可信性等方面构建评价指标，利用专家打分对在线评论信息内容的可信度进行评价，实证结果表明可以辅助消费者购买决策。

（2）汇总。

汇总是对在线评论信息内容的综合评价。Hu、Chen、Chou（2017）认为自动汇总评论内容可以帮助旅行者选择酒店，提出了一种新的多文本汇总技术，用于识别酒店评论中信息量最大的前 n 个句子。鉴于已有研究主要对评论内容进行了分析，而忽略评论者可信度、观点冲突等关键因素，该研究利用 K 方法聚类模型综合考虑文本内容和情感相似性，实证结果表明该方法可以提供更多的综合酒店信息。Zhang、Yu、Sha 等（2015）提出一种包括评论得分和部分评论内容的评论总结方法，通过新设计的片段选择算法抽取评论中消费者对在线评论的观点，并预测在线评论星级，最后形成通用的片段汇总统计模型。Jha、Mahmoud（2018）考虑到用户生成的在线文本数据具有的内在多样性和非结构化特征，基于框架语义评价了多种汇总算法对在线评论有用性汇总分析的精确性，研究结果表明语义框架可以实现高效、准确的在线评论有用性分类过程。Cho、Kim（2017）认为已有研究对在线评论的汇总评价没有考虑产品特征之间的关系，因此基于共现和语义相似性构建一个特性网络及一个表示特征组意见极性的象限，发现和合并来自消费者评论的意见，这种方法可以更好地帮助消费者理解产品的全部观点。Amplayo、Song（2017）利用细粒度情感分析方法对简短的在线评论进行汇总分析，这种汇总方法可应用到不同领域和语言环境，研究结果表明情感分类器在特征多样性和特征提取能力方面优于基准模型和行业标准分类器，而特征提取器在特征多样性和特征提取能力方面优于其他主题模型。

（3）分类。

分类是指按照在线评论有用性的效用进行归类。Lee、Hu、Lu（2018）等选择评论质量、评论情感和评论者特征等指标和四种分类模型对酒店在线评论的有用性进行分类研究。Lee、Choeh（2014）从产品信息、评论特征和文本特征等视角利用多层感知器神经网络对在线评论有用性进行预测，认为多层感知器神经网络相对于线性回归分析方法在最小均方误差计算方面效果更好。Ou、Huynh、Sriboonchitta（2018）区别于已有研究以统计回归模型分析在线评论有用性的影响因素，选择以支持向量机模型训练有吸引力的属性分类器。Malik、Hussain（2017）使用深度神经网络模型探索离散情感对在线评论有用性的影响，发现情感特征比其他影响因素作用效果更好，结果表明深度神经网络算法可以更好地进行分类预测。Zheng、Zhu、Lin（2013）提出了一个评论内容质量挖掘的半监督体系，通过使用少数标记的实例和大量未标记实例来改进分类性能，以及利用电子商务社区的社会特征作为识别撰写高质量评论内容的评论者标识，研究结果表明评论者的社会特征对于获得更好的分类结果非常重要。Chen、Tseng（2011）针对已有观点挖掘技术忽略评论质量的问题，提出先提取有代表性的评论特征再利用支持向量机对在线评论信息质量进行分类的方法。Zhang、Lin（2018）提出了一种处理和使用多种在线评论来源的在线评论有用性预测机制，研究结果表明这种机制可以更好地对在线评论有用性进行预测和分类。张艳丰、李贺、彭丽微等（2017b）基于情感特征和内容特征采用灰色加权关联度分析方法和 K-means 聚类方法对手机在线评论有用性进行了排序和分类，研究结果表明这种方法可以促进消费者辨别在线评论的有用性。李杰、李欢（2018）对在线评论中产品特征词实施了预处理、训练、提取、标注和聚类等过程，构建基于卷积神经网络算法的产品特征提取及情感分类模型，该模型可以提高情感分类的精度，实现对在线评论的有效分类。陈燕方（2017）对评论内容、评论者特征和商家特征等三个维度进行了信息采集和标注并进行了实证分析，研究结果表明目标模型在多种情况下的效率和准确率都表现较好。张艳丰、李贺、彭丽微等（2017a）从形式特征和内容特征两方面构建在线评论有用性分类的评价指标，利用评价指标与在线评论有用性的相关系数构建基于模糊神经网络的在线产品有用性评价的分类过滤模型，经实证研究验证其具有较高的准确性和有效性。张向阳、那日萨、孙娜（2016）等基于韦伯－费希纳定律利用在线评论词语的共线关系对在线评论的情感倾向性分类模型进行研究，对比 K 最近邻算法，其在准确率等方面都具有明显优势，可以实现对在线评论情感的有效分类。夏火松、甄化春、张颖烨等（2016）从构建评论有效性领域知识库视角对在线评论有用性进行分类研究，通过建立初级有效性分类领域词库、提取和丰富领域词库和结合分类知识库等途径对评论有效性进行标注和对比，构建领域知识模型，实证结果表明该方法可以有效提高在线评论有用性识别和分类的精度。尹裴和王洪伟（2016）考虑到在线评论信息内容中情感的相关性，提出基于本体建模的在线评论情感分类方法，利用加权平均对情感极性值进行综合评价实现分类，对比研究表明其在准确率等三项指标上的效果都优于其他基线实验方法。夏火松、杨培、熊淦（2015）总结已有研究发现评论有效性和自动分类问题很少受到关注，因此提出基于领域词典结合评论长度的特征提取办法，可以改善在线评论分类效率，辅助消费者和商家进行决策。杜学美、薛平、宋述秀（2018）基于透镜模型考虑了在线评论信息发送者和接收者对在线评论口碑传播的有效性。在其研究中，传播线索与在线评论信息发送者和接收者之间的态度、情感和购买意愿之间的联系是分阶段被验证的，涉及生态效度等四个指标，证明了在线评论信息内容中各个线索传播的有效性程度，却没有进一步提出提升在线评论有用性水平的有效策略。

1.3.4 国内外研究现状述评

通过对在线评论相关文献的归纳和总结发现，在线评论有用性的相关研究已成为国内外学者研究的热点问题，并取得了丰富的研究成果，为在线评论有用性的后续研究奠定了重要的理论基础，并提供了新的研究思路。但目前在线评论有用性的相关研究还存在以下几方面的不足，详情如下。

1. 有机体情感研究存在局限性

运用认知神经科学的研究方法虽然可以更细致分析消费者对在线评论感知的生理反应，实现对消费者情感和信任心理的分析，但以自我报告法和脑电图等神经科学方法探索消费者对在线评论的情感体验主要可以测量正向情绪和负向情绪、极端情感和中性情感、信任和不信任等极端心理活动。因此，使用神经科学的相关方法对研究多维消费者的心理活动并不适用。情绪和生理反应都是在个体脑机制的影响下进行的，国内外学者侧重对消费者感知在线评论的生理反应、满意度和极端情感等内容进行研究，少有学者关注其他类型情感的研究。

2. 忽略在线评论信息接收者的影响

在线评论有用性评价的目的是为消费者提供高质量的评论信息，而目前在线评论有用性评价是从语法特征、语义特征、体裁特征和元数据特征等维度，同时利用排序、汇总和分类等方法为消费者筛选出高质量的在线评论信息内容，而没有考虑在线评论信息接收者等因素对在线评论有用性的影响。在线评论信息发送者和在线评论信息接收者之间的关系、在线评论信息技术及消费者感知在线评论有用性的关键因素还需要细化研究。

3. 无法有效改善在线评论信息质量

已有相关研究主要采用排序、汇总和分类等方式为消费者筛选出有用性较高的评论内容，其特征是对发表后的评论信息进行评价，辅助其进行购买决策，而忽略如何在发表在线评论时提升其有效信息的质量。故已有文献在研究视角和思路方面比较狭隘，不能从根本上解决在线评论有用性参差不齐的问题，以致不利于在线评论平台的健康发展。

综上所述，本书通过对消费者感知在线评论有用性的形成机理进行分析和对在线评论有用性进行评价，对于提高在线评论信息质量、辅助消费者进行购买决策和促进在线评论平台的优化设计具有十分重要的意义，同时对于完善消费者行为等方面的理论和方法也具有借鉴价值。

1.4 主要研究内容与研究方法

1.4.1 主要研究内容

本书在综述消费者在线评论感知的研究现状、在线评论有用性影响因素和在线评论有用性评价等国内外相关文献的基础上，对消费者感知过程、在线评论特点及其有用性的内涵进行分析。通过对消费者感知在线评论的形成动力、形成阶段、刺激因素和形成路径进行分析，以 SOR 模型、信任理论、情感理论和信息生态系统理论为基础构建包含在线评论有用性刺激因素识别、情感和信任心理及其行为反应研究和在线评论有用性评价的研究框架，提出优化建议。本书的主要研究内容详情如下。

第 1 章为导论。这部分主要对本书的研究背景、研究目的、研究意义、研究内容和研究方法等进行了阐述。国内外研究现状及述评部分主要从消费者在线评论感知、在线评论有用性影响因素、在线评论有用性评价等方面出发归纳和梳理相关研究现状。

第 2 章为相关概念界定和理论基础。这部分主要对本书的相关概念和理论进行了阐述。相关概念界定是本书后续研究和分析的重要前提条件和基础，因此本书重点对消费者感知过程、在线评论内涵和在线评论特点、消费者感知在线评论有用性的内涵等主要相关概念进行界定。此外，笔者还对 SOR 理论、信息采纳理论等进行了阐述，为后文研究消费者感知在线评论有用性的成因和影响奠定了理论基础。

第 3 章为消费者感知在线评论有用性的形成机理与评价研究框架。首先，本书明确了消费者感知在线评论有用性的过程要素，它包括信息主体要素、信息内容要素、信息渠道要素和信息环境要素。其次，对消费者感知在线评论有用性的动力因素、形成阶段、刺激因素和形成路径进行了分析。最后，基于 SOR 理论设计和构建消费者感知在线评论有用性的形成机理和评价研究框架，为后续研究奠定了理论基础。

第 4 章为消费者感知在线评论有用性的刺激因素分析。本书通过对在线评论有用性刺激因素的分析，发现了刺激因素存在的不足，后基于知识特征视角，利用 Tobit 模型分析知识密度、知识粘性、知识宽度和知识距离对消费者感知在线评论有用性的影响，并以赞同投票数和问答数作为衡量消费者感知在线评论有用性的标准。

第 5 章为消费者感知在线评论有用性的情感心理及行为反应分析。从在线评论信息内容特征、信息人特征和信息技术特征分析其对消费者愉快情感和唤起情感的影响，并分析其对消费者赞同投票行为和问答行为等社群行为的影响。

第 6 章为消费者感知在线评论有用性的信任心理及行为反应分析。从在线评论信息内容特征、信息人特征和信息技术特征等维度分析其对消费者认知信任和情感信任的影响，并探讨认知信任和情感信任之间的作用关系，及其对消费者购买行为和推荐行为等个体行为的影响。

第 7 章为基于消费者感知的在线评论有用性评价研究。基于消费者感知在线评论有用性的构成要素分析和对消费者感知在线评论有用性的阶段和路径分析，综合考虑在线评论信息发送方和接收方的重要作用，提出在线评论有用性的评价方法，实现提升在线评论整体信息质量和平台信息技术服务水平的目标。

第 8 章为消费者感知在线评论有用性的提升策略。基于消费者感知在线评论有用性的刺激因素分析其对消费者心理机制和行为的影响及其对在线评论有用性评价结果的影响，从提升在线评论信息质量、强化在线评论信息主体参与社群行为和改善在线评论信息技术环境等方面提出了改进策略，为设计和优化在线评论平台提供支持。

1.4.2 研究方法

研究过程中使用了如下研究方法：

1. Tobit 模型

运用 Tobit 模型从知识特征视角对消费者感知在线评论有用性的刺激因素进行分析。

2. SOR 理论

运用 SOR 理论构建消费者感知在线评论有用性形成机理分析框架，并分别对消费者感知在线评论有用性的情感心理和信任心理及其行为反应进行分析。

3. DEA 模型

运用 DEA 模型以知识传递效率作为衡量消费者感知在线评论有用性的评价方法，并基于松弛变量分析提出在线评论有用性的优化策略。

4. 实证分析法

本书以调查问卷的方式获取消费者对在线评论情感和信任及其反应行为的相关数据，利用结构方程模型和 AMOS 软件对数据进行处理，对提出的研究假设进行检验。

1.4.3 技术路线

本研究的技术路线详情如图 1-1 所示。

第1章 导论

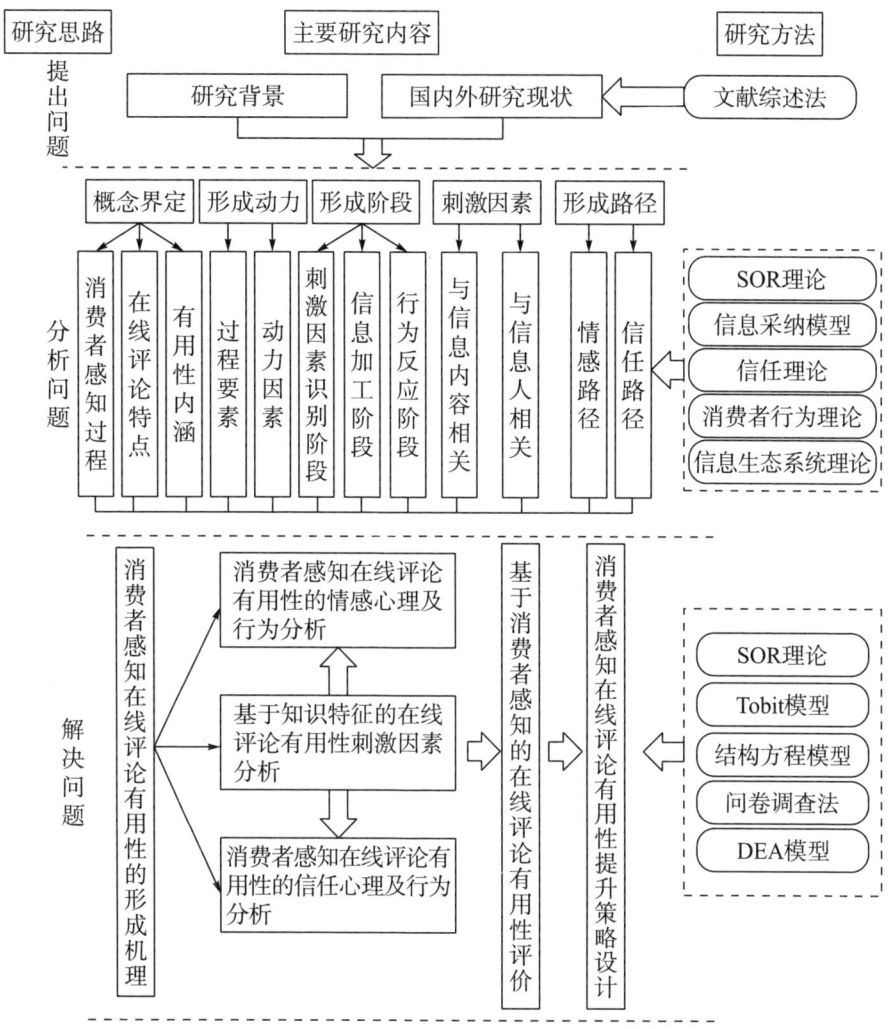

图1-1 技术路线图

第 2 章　相关概念界定和理论基础

2.1　相关概念界定

2.1.1　消费者感知过程

恩格尔消费者行为模型（如图 2-1 所示）和霍华德-谢思模型（如图 2-2 所示）等对消费者行为过程进行了详细的描述分析（赖胜强，2010）。这两种模型都认为消费者在进行购买决策时会对外部信息内容进行理解和评估，在图 2-1 所示恩格尔消费者行为模型中，消费者购买决策涉及信息输入、信息处理、中枢控制系统和决策过程、影响因素等。在图 2-2 所示霍华德-谢思模型中消费者购买决策可以划分为外部刺激阶段、信息处理阶段和反应或产出阶段。这些过程的存在说明消费者感知系统由不同的阶段构成，实现了对消费者心理过程的具体描述。

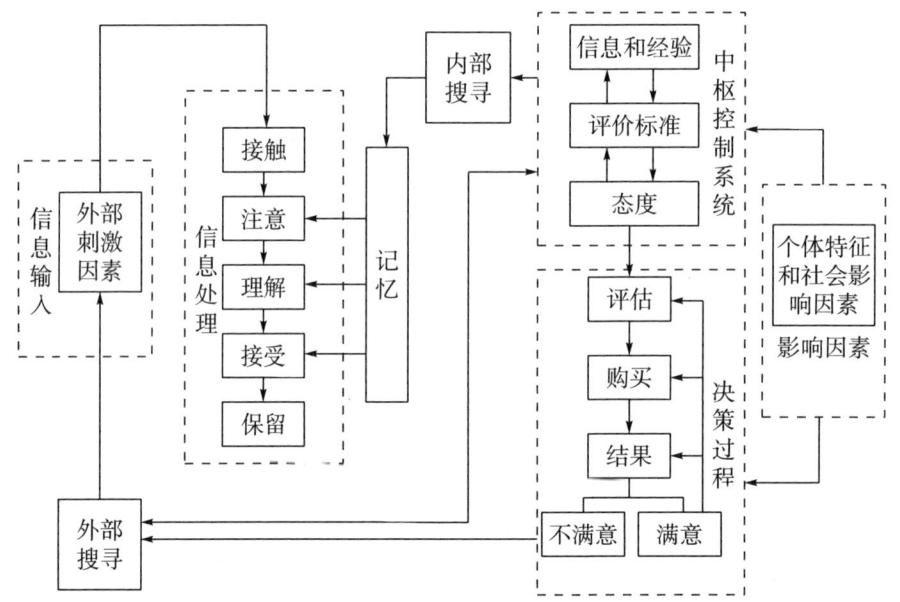

图 2-1　恩格尔消费者行为模型

第 2 章 相关概念界定和理论基础

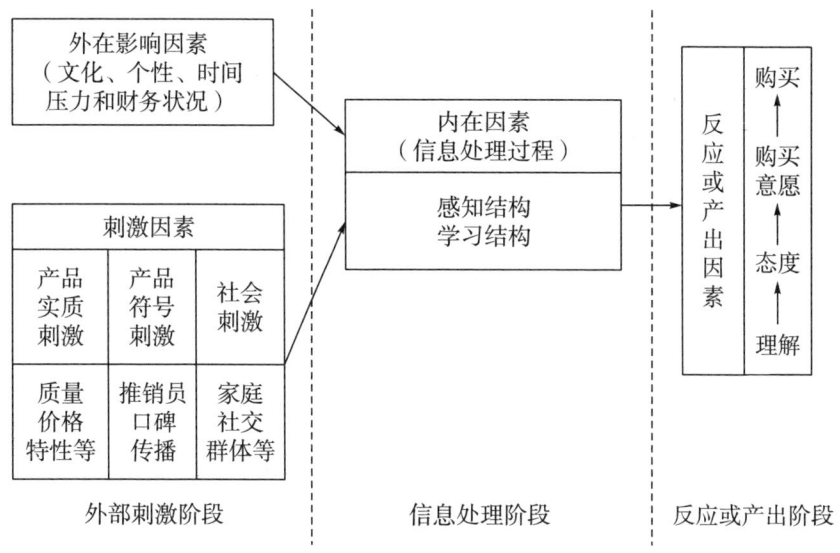

图 2-2 霍华德-谢思模型

信息传播过程理论描述了信息通过通信装置进行传递的过程（如图 2-3 所示）。信息源将文字、图片等消息通过传送器向接收器进行输入，在通道传播过程中信息可能受到噪声干扰，接收器最后再将信息输出到信宿（目的地）。个体感知过程的发展和建立受到信息传播过程理论的深刻启发，消费者在线评论有用性感知系统是指在在线评论信息环境的刺激下，个体通过各种感知方式接收在线评论信息内容，通过大脑对信息进行加工和控制，形成对在线评论有用性感知的行为反应输出。其中，大脑的信息加工会引发个体生理变化和情绪体验变化，情绪体验随生理变化的产生或消失而变化（如图 2-4 所示），因此情绪体验是消费者生理反应的表现形式。而消费者感知过程涉及环境刺激、内部信息加工和行为反应等多个环节。

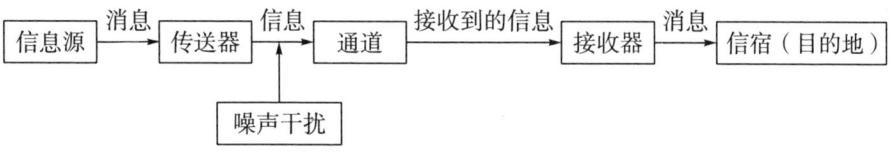

图 2-3 信息传播过程

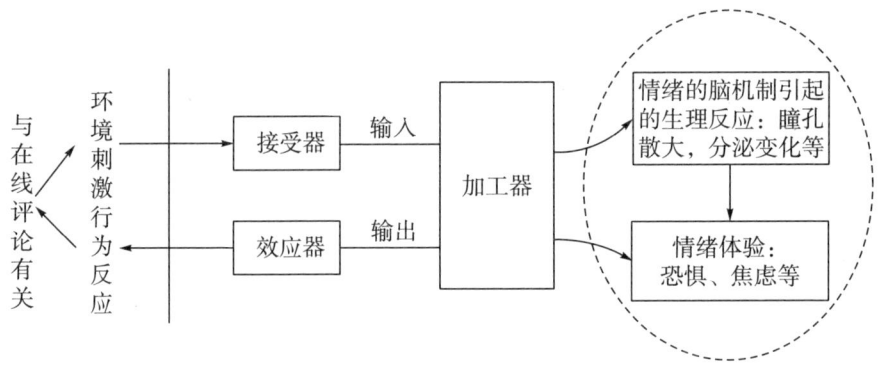

图 2-4 消费者感知过程

认知心理学的研究内容核心之一是分析个体的信息加工过程。精细加工可能性模型是分析用户通过中心路径和边缘路径进行信息处理和感知的重要理论支撑（如图 2-5 所示）。在个体信息加工过程中，信息的质量及个体对信息的认知处理会影响其态度和行为。这两条信息加工路径的差异主要就在于个体对信息加工深度及其投入的认知努力程度。当消费者对传播信息做精细加工的可能性较高时，通过中心路径说服消费者更有效，消费者倾向于投入更多的认知资源对信息进行思考，形成态度。反之，则边缘路径的信息加工效果更好，个体通过外部环境因素和表征性线索处理信息而形成态度。从态度的形成角度分析个体行为的发生过程，个体行为形成过程会涉及 12 个环节，依次是：曝光、关注、兴趣、理解、获取、屈服、记忆、回顾、决策、行动、强化和整合等（如图 2-6 所示）。从图 2-6 可知，个体行为形成过程包含用户被说服、形成态度到发生实际行为等几个阶段。态度是个体基于过去的体验对某一对象形成的一种心理和神经层面的知觉过程，在个体最终开展行为之前，正面感觉或者负面感觉是影响用户行为的关键因素。个体通过依从、认同和内化等过程使其认知和情感被调动起来，最后引发行为。ABC 理论对态度的内涵进行进一步分解，认为消费者态度是由情感（Affect）、行为（Behavior）和认知（Cognition）等三方面构成（梁玲，袁璐华，谢家平，2022）。第一阶段，消费者会对商品产生一种信念，形成一种总体评价和认知。基于商品的总体评价，消费者随后会产生一种情感，包括喜欢和厌恶。最后，既有认知与情感会促进消费者产生某种行为。

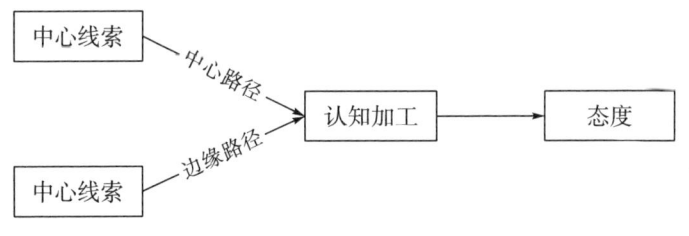

图 2-5 精细加工可能性模型

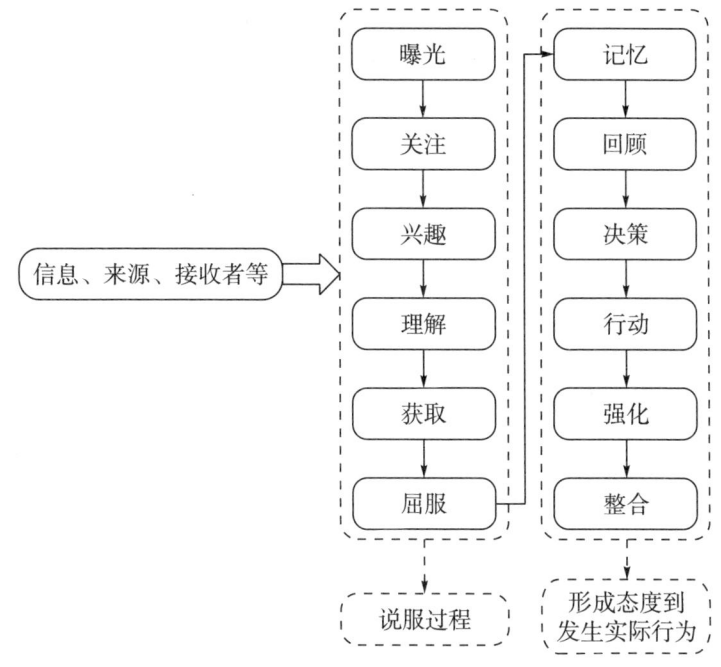

图 2-6 个体行为形成过程

2.1.2 在线评论内涵

口碑是消费过程中信息发送者和信息接收者之间进行信息传递的重要途径之一，其起源具有悠久的历史。口碑是一种重要的营销方式，传统口碑的营销途径主要是通过广播、电视广告、自我宣传或纸质传单等方式，进而影响消费者对商品的选择、态度转变和购买决策。口碑通过信息传播在改变消费者对产品或服务态度等方面能起到重要作用。随着互联网的发展，传统口碑的宣传方式逐渐由线下向线上过渡，形成以互联网为平台的网络口碑。网络口碑进行传播的动机主要涉及心理需求动机、自我实现动机、社交需要动机和从众心理动机等。口碑一般以非盈利性为特点进行传播，为消费者购买相关产品或服务提供信息。传统口碑属于线下口碑，关于产品的评价信息主要在亲人、朋友和同事等具有亲密关系的人群之间进行传播。以消费者主导的口碑营销通过提高可信度会影响大量信息接收者。随着互联网的逐渐兴起和发展，网络口碑的传播途径具有多种形式，如在线评论、电子邮件、网上论坛、聊天室、在线社区和电子商务网站等。网络口碑与传统口碑的差异主要可以归纳为以下几个方面的优势，即网络口碑具有更广的传播范围、更快的传播速度、更持久的通信、更容易的访问权限和更易进行测量 (Cheung, Thadani, 2012)。杨雪（2017）从信息特征、信息传播渠道、信息传播主体、信息传播过程和信息传播影响等五个方面比较了网络口碑和传统口碑的差异。她认为网络口碑在内容表现形式、信息存储时间、信息复制能力、信息便利性、信息损耗、信息媒介传播方式、交互水平、交流模式、传播速度和影响范围等多个方面较传统口碑具有显著的竞争力。

而在线评论作为一种非正式网络口碑已成为在线消费者购买决策过程中的重要参考,是网络口碑最为常见和最为重要的一种形式,主要包括正面评论、负面评论和中性评论。它打破了传统口碑在社会关系等方面的限制。相对其他网络口碑传播模式,其在文本测量方面更加具有便利性。因此,在线评论是网络销售平台吸引消费者和提高销售水平的重要助推器。许多在线购物平台,如淘宝、京东,允许已购买产品的消费者发布和分享与产品和服务相关的信息,主要涉及产品使用体验、配送服务、售后服务和客服服务等内容。同时,在线购物网站也为消费者提供发表评论的引导,通过制定评论发表规则来提高评论质量。基于在线评论平台,大量商品体验信息在消费者和潜在消费者之间进行流转。潜在消费者可以感知产品或者服务的质量,影响消费者心理和行为产生变化。因此,在线评论主要是指消费者在电子商务网站或第三方评论网站上,对已购买的产品或服务发表有关产品性能、外观、消费者体验和服务水平等方面的评论内容,这补充了对产品介绍、外部推荐和个性化推荐等内容。

2.1.3 在线评论特点

相对于其他网络口碑的传播方式,在线评论在表现形式上与其存在一定的不同。

1. 评论内容的可测量性和丰富性

在线评论信息内容不仅包括评论文本内容这一非结构化的定性数据,还有评论星级、消费者赞同投票数和问答数等统计数据,这些可进行测量的相关评论内容可以帮助消费者对在线评论是否有用进行更清晰的判断,实现服务潜在消费者的目的。此外,定性的文本内容和量化的统计数据也丰富了在线评论的呈现形式,这对于减少消费者的信息搜索成本,增加消费者对在线评论的阅读兴趣等具有显著意义。

2. 信息时效更长、传播范围更广和影响力更大

自商家在网络商城运行以来,消费者发表的在线评论信息内容就会通过互联网信息技术保存在网络平台中,因而相对于聊天室等网络传播方式,在线评论信息内容更容易被获取。在线评论对传播对象没有特别的限制,只要是对评论内容

感兴趣的消费者都可浏览其他人的评论信息，参与在线评论有用性赞同投票活动和与其他潜在消费者进行讨论，而邮件、论坛和聊天室等由于设置了群组和特定的成员对象，在传播范围方面受到限制。因此，与其他口碑的传播方式相比，在线评论在影响力水平方面非常突出。

3. 真实性和可靠性水平更高

消费者可以发表在线评论的前提是已经购买某产品或服务，而其他网络口碑如网上论坛、虚拟社区等途径并不能判断消费者是否具有购买体验，多数网络口碑内容不可由商家进行操控，因此在线评论相对于其他网络口碑形式而言具有较强的真实性。此外，在线评论信息内容既包括评论星级的量化打分制度，还包括定性的在线评论信息内容及对消费者在线评论赞同投票数和问答数的统计，这使在线评论在信息的完整性和功能的全面性等方面更具优势，更能增强评论内容的可靠性。

4. 在线评论信息内容由消费者主动生成

消费者完成购买行为后可以自由选择是否发表评论内容，他们具有主动权，而平台或商家只是通过提高服务水平或进行物质激励等方式开展鼓励评论行为。具有购买行为的消费者均可发表在线评论，实现全员参与，也因此会产生大量信息碎片。

2.1.4 消费者感知在线评论有用性的内涵

在线评论对推动电子商务的发展具有重要意义。在线评论平台利用互联网通信技术将已购买商品的消费者和潜在消费者连接起来，实现产品信息和服务信息的交流和推广。但大量评论内容使平台内信息数量急剧上升并显著影响了信息内容的质量，这些都导致在线评论信息内容的不确定性因素增加，在这种情况下在线评论有用性成为研究热点。Mudambi、Schuff（2010）将在线评论有用性定义为在线评论对消费者购买决策的有用程度。因此，消费者可以从在线评论的文本信息中获得更多有意义的参考内容。一个有用的在线评论会尽可能提供辅助判断产品质量的描述性信息，如对电脑在做工、音质、电池和屏幕等属性方面的描述。

通过对在线评论环境下消费者感知过程的分析，消费者感知在线评论有用性主要包括两个方面：一是消费者感知在线评论而使个体生理反应和情感体验等产生变化；二是消费者感知在线评论而做出的行为反应。

许多电子商务平台中的在线评论模块都设计了赞同投票数，为消费者筛选高质量的在线评论信息内容提供支持。在对在线评论有用性的前置因素进行分析时，也主要使用在线评论赞同投票数为结果变量。Hong、Xu、Wang 等（2017）利用 Meta 分析方法对在线评论有用性影响因素进行综合分析，统计分析发现在线评论赞同投票数和在线评论赞同投票数占总赞同投票数的比率是衡量在线评论有用性主要的评价指标，相关文献达到 50 篇左右。在线评论模块不仅包括评论内容的文本信息、在线评论赞同投票数的统计信息，还设计了在线评论问答区域，方便消费者之间对评论内容中有关产品性能、外观设计、物流服务水平、产品售后服务水平或其他未提及的信息进行多对多的沟通和交流。中国国内几大电商，如京东和淘宝，其在线评论模块中都设置了在线评论有用性赞同投票功能和问答功能，亚马逊网站也利用在线问答数对发评者的等级进行评价，级别越高的发评者其在线评论有用性越高。因此，在线评论赞同投票数和问答数等由消费者产生的行为数据对衡量和判断在线评论的有用性具有显著作用。此外，在线评论有用性还体现为对产品或服务的购买行为和推荐行为。购买行为是消费者根据在线评论有用性做出的主要决策行为，这与消费者浏览在线评论进行购买产品或服务的主要目的相一致。在线评论是网络口碑的一种主要方式，受人际关系影响和自身对在线评论信息内容的判断，消费者会产生再传播意愿。

目前，在线评论有用性的相关研究主要集中在两个方面：一方面是对在线评论有用性影响因素的研究，主要基于信息采纳模型对与信息内容相关的因素和与信息源可靠性相关的因素进行研究，主要涉及评论长度、评论星级、评论者等级、评论及时性等变量；另一方面主要是基于在线评论有用性影响因素的研究，采用汇总、排序和分类等方法对在线评论进行评价，筛选出高质量的在线评论信息内容。

2.2 相关理论

2.2.1 SOR 理论

SOR（Stimulus-Organism-Response）理论将刺激定义为影响个体认知或情感活动的刺激因素，有机体是个体对刺激因素形成的心理状态或认知状态，而反应是个体经过情感和认知过程表现的行为反应。相比行为心理学中的刺激－反应理论，SOR 理论更重视对有机体心理活动过程的分析和解释，系统地说明个体行为的发生是由于什么心理因素的作用，才实现了对有机体中间环节的描述。因此，SOR 理论阐明了刺激因素与个体行为意向之间的影响原理。

SOR 理论被广泛应用于在线消费者行为的相关研究中。例如，Chen、Yao

（2018）验证了网站框架质量对移动拍卖中消费者冲动购买行为的影响。Luqman、Cao、Ali 等（2017）研究了过渡社交使用、过渡认知使用和过渡享乐主义怎样引发消费者技术压力感和疲劳感，进而导致消费者自愿放弃使用社交网站行为的发生。Wang、Chen、Ou 等（2019）将营销特征和社交媒体特征作为消费者感知效用价值和享乐价值的刺激因素，并分析了消费者认知和情感经历对消费者转发意图的影响。SOR 理论提出影响因素对在线消费者行为的内部作用机制，包括情绪机制和认知机制，可以更详细地探索消费者内部心理变化，完善消费者行为的相关研究。Li（2019）运用 SOR 理论分析消费者社交购物意图，发现社交商务结构在认知状态（社交存在、信息支持和情感支持）和情感状态（熟悉度和亲密度）方面对社交互动产生积极影响，但对社交购物意愿没有显著的影响。

2.2.2 信息采纳理论

相关研究对在线评论有用性刺激因素的识别主要是基于信息采纳模型展开。信息采纳模型主要用于研究在线信息传播和影响效果的理论框架。信息采纳模型主要包括四个变量，分别为信息质量、信源可靠性、信息有用性和信息采纳（如图 2-7 所示）。信息质量一般根据信息的相关性、完整性和准确性等多个指标进行评价；信源可靠性是指信息发布者的可靠性程度，主要涉及信源的专业性和可靠性两个维度；信息有用性是用户感知内容的有效性，能够增加用户知识量，有助于消费者决策，进而影响用户的信息采纳行为，主要基于有益处、有价值和知识增长等三个维度；信息采纳是用户根据相关信息的有用性判断是否接受该信息的建议。

基于信息采纳模型，消费者感知在线评论有用性的路径涉及中心路径和边缘路径，二者对用户感知信息的有用性方面均具有显著的作用。其中，中心路径强调信息质量对用户的直接说服效果，而边缘路径是指用户依靠信源可靠性等非核心因素对在线评论有用性进行间接判断。消费者感知在线评论有用性刺激因素可以归纳为与信息质量相关的刺激因素和与信源可靠性相关的刺激因素。

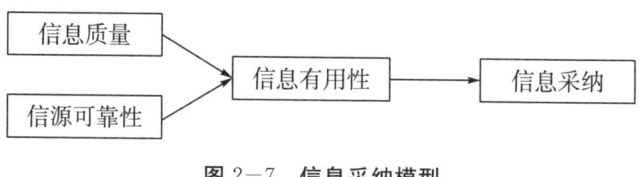

图 2-7 信息采纳模型

2.3　本章小结

对消费者感知过程、在线评论内涵、在线评论特点和消费者感知在线评论有用性内涵等相关概念进行界定，并对 SOR 理论和信息采纳理论进行阐述和说明，有助于深入分析消费者感知在线评论有用性的形成机理。

第3章　消费者感知在线评论有用性的形成机理与评价研究框架

3.1　消费者感知在线评论有用性的形成动力

3.1.1　消费者感知在线评论有用性的过程要素

1. 信息主体要素

在线评论信息传播过程主要通过信息人完成，彼此之间通过相互协作实现在线评论信息内容的传播和扩散。因此，消费者感知在线评论有用性的主体要素主要包括：

（1）信息发送者。

在线评论的信息发送者是在线评论信息内容的生成者，其对此商品或服务具有实际的购买行为，在此基础上才能发表评论内容。在线评论评价方式包括主动评价和被动评价，主动评价强调在线评论信息发送者根据购买经验主动发表与产品或服务有关的评论信息，而被动评价是由电子商务平台发表有关产品的评论内容，如默认好评。

（2）信息接收者。

在线评论信息接收者是指购买商品或服务的潜在消费者，利用在线评论系统内部的信息技术可以主动搜索自己感兴趣的在线评论信息内容，相比被动接受评论内容更有利于找到令消费者满意的信息，降低购买产品或服务时所产生的不确定性，提高消费者购买的信心。

（3）在线评论平台管理者。

在线评论系统的日常维护和运行需要平台管理者的支持，包括对在线评论信息内容生成模块的布局设计、解决在线评论信息发送者和接收者之间的交流问题和为在线评论信息接收者提供更简便的技术支持（如评论摘要、排序）等内容。

2. 信息内容要素

在线评论信息内容呈现了消费者使用所购买产品或服务后的主观感受。在线评论信息内容要素主要由图片、视频、文本内容、评论数量、评论时间、评论星级、评论者等级、赞同投票数、问答数和推荐信号构成（如图3-1所示），其中在线评论的文本内容这一发布形式被多数在线评论信息发送者认同。在线评论的文本内容主要是以文字形式对购买体验进行评价，包括原始评论内容、追评及利用在线评论问答功能与潜在消费者之间进行互动沟通而产生的信息。评论星级主要采用打分的方式对商品符合度、物流服务、商家服务态度和发货速度等内容进行评价，分数越高代表服务越好。评论发表时间则会记录消费者发表在线评论的具体时刻，评论时间会影响消费者对在线评论的浏览。赞同投票数和问答数的设置主要为了服务其他潜在消费者，为其寻找有用性的在线评论信息内容提供支持，同时方便其与发评者或其他消费者进行交流。在线评论类型主要包括发布购买后的体验、分享或收藏他人的购后体验、企业引发的在线评论和网络"水军"带动的在线评论等四种形式（闵庆飞，覃亮，张克亮，2017）。

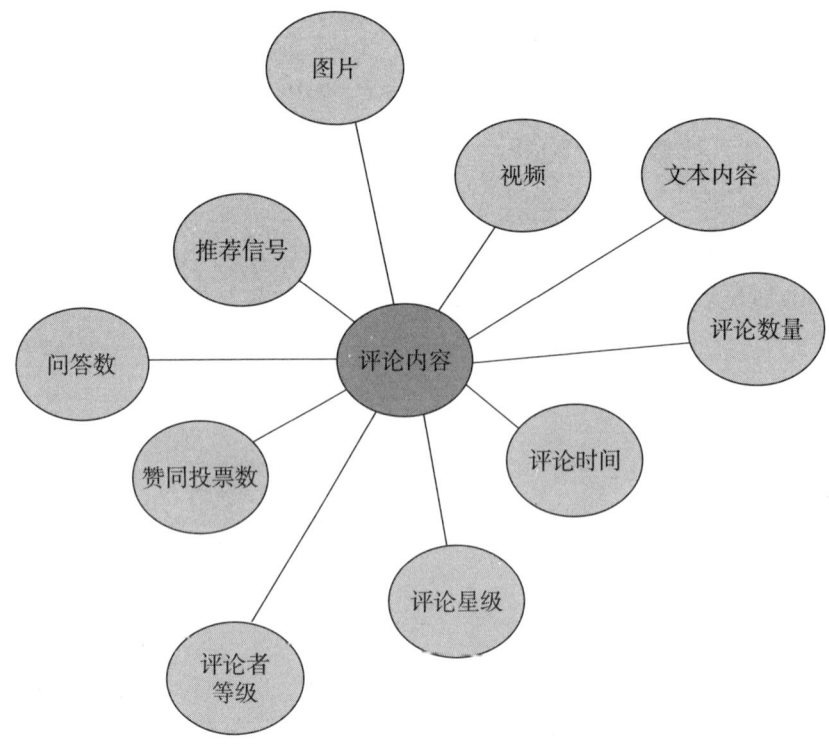

图3-1 在线评论信息内容要素

3. 信息渠道要素

在线评论信息传播渠道是指在线评论信息内容在信息主体之间进行传播以及信息管理者对评论内容进行加工和处理所涉及的信息技术和信息平台。在线评论信息传播渠道主要包括评论设备、评论信息技术和评论平台等内容（李慧颖，2013），如图3-2所示。

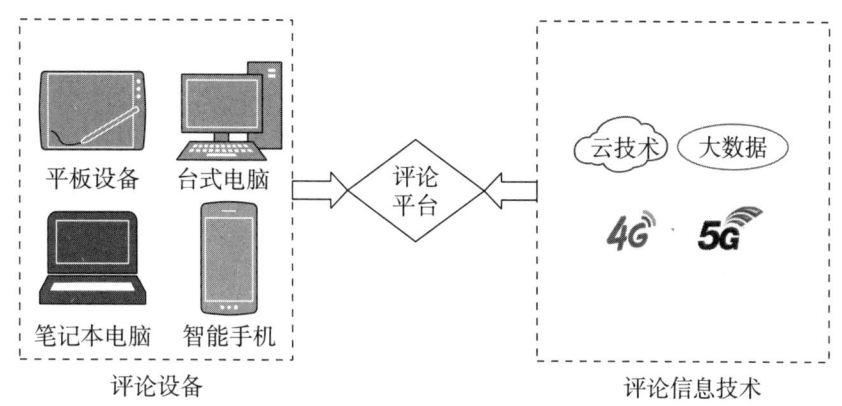

图3-2 在线评论信息传播渠道

（1）评论设备。

评论设备主要包括平板设备、笔记本电脑、台式电脑和智能手机等，在线评论信息发送者通过这些设备连接互联网，发表其购买经验并与其他消费者进行互动交流，信息接收者利用这些信息设备实现查找信息、浏览信息和交流信息等。《第53次中国互联网络发展报告》的统计数据显示，中国通过智能手机接入互联网的网民超过99%，台式电脑、笔记本电脑和平板设备上网的占比依次降低，约为33.9%、30.3%和26.6%（中国互联网络信息中心，2024）。智能手机在上网速度、系统功能和便利性等方面的优势，使其成为广大消费者普遍接受的网购渠道和信息传播渠道。

（2）评论信息技术。

互联网和移动通信技术的快速发展为消费者网上评论提供了技术支持。目前，互联网技术主要是应用云技术和大数据对在线评论进行管理和加工。而4G和5G移动通信技术可以实现在数据传输速率、设备链接数量和移动性等方面的提高，促进信息主体之间的互动沟通。

（3）评论平台。

根据评论发布的平台对在线评论信息传播渠道进行分类，主要包括从内部评论平台和外部评论平台获取评论内容的方式。内部评论平台是指商家销售平台的内部评论区域，如京东、淘宝和天猫等网络商城内部的在线评论平台，而外部评论平台则是不销售产品的第三方评论平台，如以大众点评和猫途鹰（Trip Advisor）为代表的第三方评论网站。

4. 信息环境要素

在线评论信息环境主要由信息技术和信息制度构成。各个在线评论平台在数据库技术、知识挖掘技术和人工智能等方面的应用存在差异，在界面设计、服务质量和运行速度等方面也各具特色，因此提升消费者对在线评论的体验可以从信息技术等方面对在线评论系统内部环境进行改善。信息制度是在线评论的宏观环境因素，包括信息隐私制度、信息安全制度、信息伦理制度和信息法律等。这些因素对在线评论平台发展起到指引和规范的作用。

3.1.2 消费者感知在线评论有用性的动力因素

1. 信息需求拉动

信息需求是消费者对在线评论信息内容进行感知最为重要的驱动因素。信息需求反映了消费者内在心理对信息的渴望和期待，通过获取自身关注的、有价值的在线评论信息内容满足其信息需求，同时激发出新的信息需求。信息缺乏、信息的不确定性和认知差距是消费者产生信息需求的主要原因。不同程度的信息需求会影响消费者感知在线评论有用性的方式。全面的信息需求者会分别选择启发－系统式模型（Heuristic-System Model，HSM）和精细加工可能性模型（Elaboration Likelihood Model，ELM）中的系统式处理和中心路径对在线评论进行全面、完整的分析和感知，而选择性信息需求者会以启发式处理和边缘路径的策略对从在线评论信息内容中获取的线索进行判断和感知，减少信息搜索时间和降低认知成本。信息需求可以分为功能型信息需求和享乐型信息需求。功能型信息需求强调消费者感知在线评论的驱动因素主要为支持其进行购买决策、提高对商品认识和判断、降低消费者感知不确定性和增加认知信任等。享乐型信息需求是指消费者为获取与产品或服务相关的体验、感受其创新性。在线评论信息内容主要是以文本内容为主，同时以短视频作为辅助工具。消费者通过文字描述和动态视频展现可以感知产品的创新优势，因此即使消费者不需要在线评论满足其购买行为等功能型需求，在享乐型信息需求的驱动下，消费者依然存在感知在线评论有用性的心理愿望。

2. 信息资源供给驱动

在线评论信息资源供给从供给时间段视角进行划分主要包括消费者完成购买

活动后发表的即时在线评论信息内容、追评和与其他消费者通过问答功能进行沟通交流的信息内容。在线评论信息内容包含与产品或服务质量有关的信息描述和使用体验,是消费者感知在线评论的前提条件,当在线评论信息质量高于消费者需求,这些信息内容是消费者易感知在线评论的资源。此外,从信息不对称视角分析在线评论信息资源对消费者感知在线评论的影响,电子商务环境下消费者对购买的产品或服务存在信息不对称,无法准确了解产品或服务的情况。而充足的在线评论信息资源有助于吸引更多的消费者参与到在线评论浏览和讨论的行动中,从而感知和发现隐藏于评论内容中有用的信息资源。

3. 信息技术支持推动

在线评论信息数量非常庞大,目前已出现信息过载、信息质量下降的发展趋势,导致消费者感知在线评论需要付出更多的时间成本和认知成本。因此,消费者感知在线评论的过程必须依靠信息技术减轻成本压力,信息技术对消费者感知在线评论的推动作用主要体现为以下两个方面。

首先,满足信息偏好。信息技术将在线评论信息内容以标签的形式进行表示,通过对评论内容的观点挖掘将同一类的产品评论内容进行归纳,消费者选择自身感兴趣的评论标签摘要时,信息挖掘技术的应用会为消费者提供大量与此相关的评论,过滤掉其他评论内容。

其次,满足信息需求。利用信息技术,可以依靠平台制定的高质量评论信息为内容标准,对满足条件的评论内容进行推荐和认证,如平台中推荐排序和专家评论认证等功能的使用既可以降低消费者感知在线评论的成本,又可以为消费者提供高质量信息内容,满足其信息需求。

3.2 消费者感知在线评论有用性的形成阶段

3.2.1 刺激因素识别阶段

在线评论是网络口碑的一种重要表现形式,是消费者进行购买决策的重要参考。根据信息采纳理论对消费者行为机制的解释,刺激因素会影响消费者情感和认知的变化,进而影响消费者的行为意愿。基于信息采纳理论进行分析,消费者感知在线评论有用性的影响因素主要包括与信息质量相关的因素,如评论长度或评论深度,或者与信源可靠性相关的因素,如评论者星级、评论者信息披露等因素。但消费者感知在线评论有用性刺激因素不应局限于此,只关注信息内容和信任人等变量。消费者对在线评论有用性的感知,更应从电子商务信息生态系统的视角进行分析。在线评论信息生态系统演化路径如图3-3所示。生态系统原指在自然界一定空间范围内,动物、植物和其他生物与环境之间构成的一个有机整体,通过不断的物质循环和能量流动相互影响、相互制约并在一定时间内保持相对稳定的动态平衡状态。生态系统是在特定环境中,由人、实践、价值和技术构成的一个有机系统。信息生态系统(Information Ecology System,IES)是在生态系统概念的基础上被提出来的,它是指在一定信息空间内因信息交流而形成信息主体与其他要素之间相互影响、相互作用的统一整体。信息生态系统的构成要素包括信息、信息人、信息技术和信息环境等(彭丽徽,2019)。电子商务信息生态系统是以信息生态系统为基础进行深化的一个概念,是一个更为复杂的信息生态系统,主要包括电子商务企业、消费者和政府等信息主体,关于产品质量、物流服务和客户服务等方面的信息,如大数据、AR和人工智能等方面的信息技术及文化、社会、经济和政策法律等信息环境。目前,信息技术的应用是电子商务发展的重要标志,会对消费者感知在线评论有用性产生深刻影响。在线评论平台信息生态系统是指信息人,即在线评论信息生产者和在线评论信息使用者,在信息技术的支持下进行各种信息活动的动态均衡的自组织系统,在此系统下各个要素相互影响和相互作用。网络购物环境下,在线评论信息生态系统中不仅需要重视信息内容和信息人等要素,信息环境要素中信息技术的影响对消费者购买决策同样起到关键作用。基于大数据、云计算等互联网信息技术的在线评论平台更可以为消费者提供决策工具的帮助,辅助其进行购买决策。因此,在刺激因素识别阶段,消费者感知在线评论有用性的刺激因素应从信息内容、信息人和信息技术等三个维度对相关因素进行分析,在信息采纳模型的基础上,将信息技术环境因素纳入影响因素的体系之中,考虑信息技术因素对消费者感知在线评论有用性的影响。

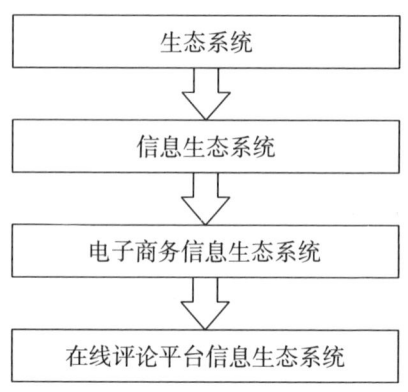

图3-3 在线评论信息生态系统演化路径

3.2.2 信息加工阶段

在线评论经过互联网媒介的传播传递给在线评论接收者,其中的刺激因素如何影响接收者对口碑的评估,是信息加工过程研究的主要内容。不同于行为主义心理学的"刺激—反应"的心理反应模型,消费者感知在线评论有用性的信息加工过程与认知心理学的理论观点相一致。

认知心理学(Cognitive Psychology)重点关注外部信息刺激经过人的认知活动(知觉、加工、理解等)过程如何实现行为反应和解决问题。认知心理学构建的模型重点描述了个体的意识和心理活动阶段。这种意识和心理活动可以归纳为以下三种形式:个体对信息的处理过程,对符号的加工过程,利用启发式策略和专家知识等解决问题的过程。认知心理学强调信息加工的研究理念,因此又被称为信息加工心理学,即将个体的认知过程视为一个信息加工处理过程,个体通过接收器感知外部环境的刺激,基于信息加工系统中知识储存进行加工处理,然后通过效应器完成信息输出,在这个过程中各个组成部分通过不同方式相互影响。

目前,认知神经科学是认知心理学最新和最热的研究领域之一。许多研究利用脑电图和眼动仪等研究工具研究个体对电子商务购物的感知风险、识别用户感知的信息冲突、进行评估分类和探讨个体对在线评论信息内容注意资源的分配。这种研究方法可以对脑内活动进行详细的记录,但在准备环节、实验过程、实验设备和样本数量等方面都面临一定难度的挑战和局限。许多常用的神经科学方法需要结合问卷调查方法完成相关的研究内容。因此,问卷调查法目前是研究用户信息加工过程被广泛使用的技术方法。问卷调查法的优势是把设计好的、标准统一的问卷以电话、邮件和网络在线填写等方式面向广大对象进行发放。这种方法可以打破时间和空间的限制,有助于数据搜集和节约时间。此外,相比于神经科学研究技术所耗费的成本,问卷调查法所需要的费用更被广大研究者所接受。在线问卷利用互联网技术使问卷的收集、统计和后期的整理等工作变得更加容易和方便。问卷调查法可以对个体用户心理活动进行多层次的分析,如《PAD标准量表》从三个角度分析用户情感,包括愉悦情感、唤起情感和支配情感,每一种情感又能通过多个问题项进行测量,弥补认知神经科学仅从肌体唤起程度判断用户感知状态的缺陷,可以更细致地探索个体情感的变化。

因此,结合认知心理学理论的相关内容,对消费者感知在线评论有用性信息加工过程的分析即是对消费者内部心理机制的分析。

3.2.3 行为反应阶段

在各种刺激因素的作用下，消费者产生相应的内部心理活动，最后形成对在线评论有用性的行为反应。消费者感知在线评论有用性的行为反应可以表现为对在线评论有用性的直接评价，即赞同投票行为，或通过问答模块与其他消费者进行交流从而感知在线评论有用性。Hong、Xu、Wang 等（2017）对在线评论有用性影响因素进行元分析发现，在线评论有用性的评价多是以在线评论赞同投票数计算的，因此在线评论有用性赞同投票是消费者感知在线评论有用性最为主要的反应行为之一。问答数是对初始在线评论的回帖数，问答是消费者对信息进行加工后的另一种反应行为，消费者之间进行讨论的数量越多，获取有价值信息的可能性就越大，因此在线评论问答数是对在线评论有用性的间接评价。

在线评论的主要目的是支持消费者进行购买决策，因此，消费者对在线评论有用性感知最重要的行为反应是购买决策，消费者会根据其他用户生成的信息内容进行决策判断。常亚平、常万福、覃伍等（2012）分析了好评度、好评数、可信度和时效性等在线评论信息内容对消费者冲动购买行为的影响。在在线评论信息内容传播过程中，消费者具有双重角色，既是在线评论信息内容的浏览者也是在线评论的传播者。在线评论具有扩散效应，有用的在线评论内容会在好友之间或向其他群体进行扩散，影响对产品质量的考虑和选择（郝媛媛，2010）。因此，对于有用的在线评论，消费者会在人际关系范围内对产品和服务进行推荐，形成对在线评论的再传播。综上分析，消费者感知在线评论的行为包括赞同投票行为、问答行为、购买行为和推荐行为等。本书将这四种行为归纳为两种行为维度，即社群行为和个体行为。

社群是指具有相似特征、一致的目标而形成的相互影响的用户集合，目前已出现借助社交平台实现产品交易过程的电子商务网站，如拼多多借助用户生成内容完善以关注、交流、交易和分享为节点的交易流程（Gupta，Harris，2010）。社群商务是指通过社交媒体环境实现电子商务活动和交易，是电子商务的子集（王昕天，汪向东，2019）。社群商务主要包括建议和推荐行为、论坛和社区及评级和评论等三个维度（Ahmad，Laroche，2016）。因而，消费者在在线评论平台中的行为带有社群特征。在线评论有用性赞同投票行为和问答行为是在线评论信息接收者对评论内容质量进行判断的行为反应，有用性赞同投票可以帮助其他消费者对在线评论效用进行判断，而问答行为在与其他消费者进行信息交互的过程中为自身和其他消费者提供了更多信息。因此，在线评论有用性的赞同投票行为和问答行为凭借与其他消费者密切的交互过程可以归纳为社群行为。个体行为主要强调在线评论引发消费者自身行为的发生，相对于社群行为重视用户间关联的发生，个体行为则是指由消费者引发的行为。这种行为对内则是指消费者的购买行为，对外则是消费者向好友或其他人群做出推荐行为。

3.3 消费者感知在线评论有用性的刺激因素

基于信息采纳模型，笔者从知识特征视角选取在线评论有用性刺激因素的变量如图3－4所示。

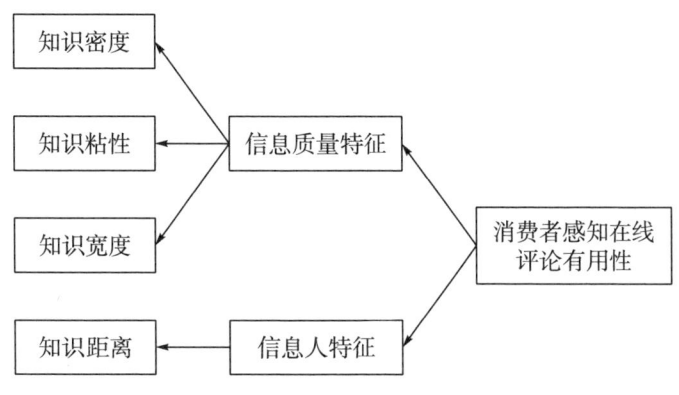

图3－4 消费者感知在线评论有用性刺激因素

3.3.1 与信息内容相关的刺激因素

基于信息采纳模型，在线评论有用性的影响因素可以归纳为与评论内容相关的影响因素和与评论者相关的影响因素。与评论内容相关的影响因素主要包括评论长度和评论可读性。Kuan、Hui、Prasarnphanich等（2015）将在线评论特征归纳为评论长度、评论可读性和评论效价等，他们认为包含这些特性的在线评论比没有这些特性的在线评论更易受到关注和认可。Liu、Park（2015）从评论者特征和包含评论数量和评论质量的评论内容特征视角对在线评论有用性的影响因素进行分析，认为消费者感知愉悦性和评论可读性等评论质量特征影响旅行类在线评论有用性的感知。Hu、Chen、Lee（2016）在已有网络口碑文献研究基础上总结在线评论有用性的影响因素，其中评论长度、评论效价和评论者特征是影响消费者感知在线评论有用性的重要因素。Hong、Xu、Wang等（2017）基于元分析对在线评论有用性的影响因素进行分析，从评论内容和评论者角度总结影响在线评论有用性的影响因素，包括评论长度、评论可读性、评论星级、评论时间、评论者信息披露、评论者经验、评论者专家标签、评论者好友数和粉丝数等众多影响因素。

但评论长度作为衡量在线评论信息质量的关键指标对消费者感知在线评论有用性的作用效果存在研究争议。Huang、Chen、Yen 等（2015）认为在线评论有用性影响因素不仅包括评论长度等量化因素，还包括评论者经验、评论者影响力等质性因子，其中评论长度具有阈值效应，当超过这个临界值，评论长度的作用逐渐减少，甚至消失，评论者的各项特征对在线评论有用性的影响也各有不同。

从上述文献分析结果可知，评论长度作为与信息质量特征相关的影响因素，对在线评论有用性的影响效果源于评论内容中描述产品特征的相关知识的存在。但知识对在线评论有用性的影响还存在争议。已有部分文献从知识数量角度对在线评论有用性进行探索，认为与产品质量、消费者体验、服务水平和物流速度等方面相关的信息描述可以增加消费者的感知在线评论有用性（严建援，张丽，张蕾，2012）。因此，本书认为基于知识特征视角，从知识密度、知识粘性和知识宽度对消费者感知在线评论有用性的信息质量因素进行识别和评价更为合理。

3.3.2　与信息人相关的刺激因素

在线评论信息主体包括在线评论信息发送者、信息接收者和信息管理者。对在线评论有用性影响因素的研究主要从信息发送者视角进行研究。与评论者相关的影响因素包括评论者经验、名誉和信息披露等因素。Lee、Choeh（2016）考虑产品类型的调节作用，认为评论者身份披露对消费者感知体验型产品在线评论有用性的影响较大，而评论者名誉则对消费者感知搜索型产品在线评论有用性的作用效果更大。Banerjee、Bhattacharyya、Bose（2017）认为评论者的积极性、参与度、经验、名誉、能力和好交际性影响消费者对在线评论的接受性，并利用稳健回归模型检验证明所有影响因素都是重要的。Forman、Ghose、Wiesenfeld（2008）基于信息处理过程分析评论者影响因素，认为评论者信息披露是消费者在进行购买决策时用来补充或替代产品信息的一种手段，其中包含身份描述信息的评论所获得的评价更为积极。Siering、Muntermann、Rajagopalan（2018）基于信号理论对与在线评论信息发送者相关的信号进行分析，认为评论者经验与消费者感知在线评论有用性之间具有显著的积极影响，而评论者的真实信息披露反而会增加其不确定性，降低消费者对在线评论有用性的感知。意见领袖并不能获得更多的在线评论赞同投票数，并且极端评论会降低评论者的可信性。

从上述文献的分析结果可以看出，评论者经验和名誉是研究在线评论有用性的关键变量，且对消费者感知在线评论有用性具有显著、积极影响。从知识特征视角分析评论者经验和名誉可以发现，评论者经验越丰富和名誉度越高代表评论者拥有的知识越多。此外，很少有研究同时考虑在线评论信息接收者与发送者两个信息主体的特征对在线评论有用性的影响。相似性研究主要关注社交网络服务中消费者来源相似性对网络口碑传播的影响，Chu、Kim（2011）认为感知相似性对观点搜索、观点认同具有显著影响。此外，在线评论信息环境下，背景相似性和态度相似也会使消费者降低对自身所拥有的信息采纳，而提高对他人信息的依赖。因此，本书将知识距离和感知相似性作为影响消费者感知在线评论有用性的关键因素。知识距离主要衡量在线评论信息发送者和接收者之间知识的差距，而感知相似性则衡量二者在观点、态度和语言风格等方面的相似性。

通过上述分析结果可知，基于知识特征从信息质量维度和信息人维度对在线评论有用性的刺激因素进行分析具有较强的理论基础，但这仅考虑了信息生态系统中信息内容和信息人等构成要素。信息技术作为在线评论信息系统中重要的因素之一，对消费者感知在线评论有用性具有重要影响。在线评论平台中辅助消费者进行购买决策的信息技术主要涉及决策支持工具和推荐信号。闵庆飞、覃亮、张克亮（2016）从操控主体视角分析直接系统操控和间接系统操控对消费者感知在线评论有用性的影响。刘景方、李嘉、张明柱等（2016）研究了评论标签摘要对消费者感知在线评论系统有用性和满意度的影响机制，认为评论标签摘要对消费者感知系统有用性存在差异。因此，后续研究也需要从信息技术角度对消费者感知在线评论有用性进行研究。

3.4 消费者感知在线评论有用性的形成路径

3.4.1 情感路径

1. 情感的定义

情感对消费者的注意力、判断能力和决策能力会产生深刻的影响。由于学科和研究内容的差异导致对情感的理解存在不同，本书将具有代表性的情感定义进行列示（见表3-1）。

表3-1 情感定义

序号	解释
1	对事件或思想的认知评价所产生的心理准备状态，并且与特定的行为倾向和实际行为密切相关
2	是个体对与幸福有关的事物所做评价的主观感受和想法
3	主观因素和客观因素之间产生情感体验的相互作用复杂集

资料来源：祁晓丽，2023. 网络视频弹幕广告对消费者购买意愿的影响研究［D］. 济南：山东大学.

2. 情感的维度

情感的维度主要以极性情感和离散情感作为分类标准（见表3-2）。

表3-2 情感的维度

序号	维度	代表
1	极性情感	积极情感、消极情感和中性情感
2	离散情感	愉悦情感、唤起情感和支配情感

以极性情感作为情感分类标准，情感维度可以归纳为积极情感、消极情感和中性情感三种形式。但这三种形式又可以归类为不同种类的情感，如惊慌可以归类为害怕、警告和兴奋等离散情感，高兴可以进一步分类为愉快和兴奋等离散情感（Abbasi, Chen, Thoms, et al., 2008）。因此，离散情感相对于极性情感更能详细描述情感变化。但离散情感过多不易于对个体情感进行详细分析，因此可以考虑强度、相似性和极性等因素的影响，用以描述情感之间的关联关系。

离散情感以 PAD 量表为代表，其中 P（Pleasure）代表愉悦情感、A（Arousal）是指唤起情感，而 D（Dominance）表示支配情感。PAD 量表的特征是将丰富的离散情感类型进行高度的概括，其具有以下优势：可以以更简洁的形式表达不同强度的情感状态、利用语义差异对情感进行评估和对情感进行维度分类。因而 PAD 量表在研究个体情感时被信息系统和消费者行为领域的许多学者认同，如分析网上商店气氛与消费者情感反应之间的作用关系，测量网站质量对消费者情感状态的影响，验证用户网络游戏体验对口碑的影响以及预测消费者对 Facebook 聊天机器人的反应等诸多研究中都采用 PAD 量表描述个体的情感反应结构。在 PAD 量表的基础上，消费者情感的双维度模式出现，主要由愉快情感和唤起情感维度构成，而忽略控制情感的作用。

3. 消费者感知在线评论有用性的情感路径

唤醒理论、环境应激理论、行为约束理论和本能论等理论认为外部环境刺激和个体行为反应之间以情感心理为中介。基于对情感维度的分析，由于支配情感在消费者行为的相关研究中很少被采纳，本书认为消费者通过情感途径感知在线评论有用性的方式主要涉及愉快情感和唤起情感两种渠道。

（1）愉快情感。

愉快情感（Pleasure）是指消费者感知良好、快乐、幸福或者满意的程度。在线评论信息质量、在线评论信息发送者和信息接收者之间的差距和相似性及在线评论平台的信息技术都可能会对消费者情感产生影响。如在线评论信息技术中的评论摘要和排序功能可以辅助消费者对评论内容进行筛选，使消费者减少因信息搜索而产生的认知成本。在线评论信息内容中对产品和服务水平的多方面描述可以满足消费者的信息需求。这些因素都会在一定程度上对消费者愉快情感产生影响。

（2）唤起情感。

唤起情感维度与刺激引起的感知程度相关，它是指个体感到兴奋、激动和有趣的程度。在线评论对消费者情感的影响程度很难形成统一标准，不同在线评论刺激因素对消费者唤起情感的影响存在差异。在线评论信息内容可能引发消费者感知狂喜状态的情感，在线评论信息发送者和接收者之间相似性对消费者感知快乐可能会产生影响，而信息技术的应用则可能不会作用于消费者对评论内容有用性的感知，消费者情感状态保持平静。

3.4.2 信任路径

1. 信任的定义

信任是电子商务网站发展的重要因素。消费者感知在线评论有用性的前提是个体认为在线评论刺激要素是值得信赖的。信任的概念被许多领域的研究学者所定义，但并没有形成一个统一的认知。信任的定义可以归纳为三类研究，首先为社会学家提出的人际信任，认为个体除了与他人建立社会关系外，没有任何机会需要信任；其次为在任何交互和交易中第三方的心理期望状态；最后是经济学家所解释的一种制度信任（Huang, Ali, Liao, 2017）。

相关研究对信任的定义和内涵作出更加详细的分类说明（Beldad, De Jong, Steehouder, 2010）。他们主要从以下四个视角进行解释和说明，包括：

信任是一种个体特征，这表明信任代表一种心理状态，个体的价值观、态度、情感之间的相互作用是产生信任的主要原因。这种信任在不同时刻、不同环境的作用程度明显存在差异。

信任是一种期望，包括对自然和社会秩序的可持续发展和实现的期望，对个体或组织能力、正直和诚实等品质的期望和对他人完成和履行作为合作伙伴应尽的责任和义务的期望。

信任是个体接受伤害和暴露自身脆弱的程度，这种定义阐明信任和风险的关系。在信任建立的过程中必定伴随着风险，如果没有风险和不确定性的存在，信任就不是必需的。

信任是一种制度现象。社会学强调其在维护群体中个体关系的重要作用，经济学家突出其在贸易关系往来中消除风险的关键影响。

2. 信任的维度

随着互联网技术和电子商务的快速发展，学界出现由线下信任研究转向线上信任研究的发展趋势。在线环境中由于人际交互的复杂性和多样性与在线行为的不可预知性和不真诚，信任关系的建立和维持对电子商务的发展是非常重要的。计算机中介技术的运用可以影响组织中的信任。电子商务中，消费者对在线评论的信任是指消费者愿意使用他们感到安全和可靠的评论内容。信任是一种多维变量。在线评论信息环境中，基于信任对象的分类主要包括对网站的信任、对评论者的信任和对自我的信任（Duffy，2016）。初始信任的四种类型分别是计算型信任、个体信任、认知信任和制度信任（Wu，Tsang，2008）。信任包括认知信任和情感信任两种形式（Mcallister，1995）。认知信任是一种理性的信任方式，是个体对他人正直和能力等特征合理、客观的评价（Dowell，Morrison，Heffernan，2015）。个体的理性信任会根据被信任对象改变信任的水平，会通过搜索信息衡量信任的成本和未来可能带来的收益，而非理性信任主要由各种情感（爱或恨）产生，会降低信息搜索行为和提高个体未来参与后续行为的可能性。电子商务环境下，认知信任是建立在共享的价值观、经验和信息线索的基础上的，这种关系可以减少交易双方的不确定性（罗汉洋，李智妮，林旭东，等，2019）。而情感信任是在社会交换过程中因感受到安全、舒适或被关心而产生的情感纽带（Roy，Balaji，Soutar，et al.，2018）。因此，情感信任与善意或仁慈相关（Zhao，Ha，Widdows，2013）。

3. 信任的演化

不同维度的信任会因时间、情景或其他因素的影响导致信任关系发生变化。认知信任与情感信任之间的发展演化过程，威慑型、知识型和认同型信任之间的发展演化过程，以及计算型信任、知识型信任和认同型信任之间的发展演化过程证明了信任维度之间具有非平行关系（王智生，2013）。其中认知信任和情感信任的维度划分及其演化规律得到许多理论的支持，如认知-情感理论、建议采纳的情绪机制模型、效应层级模型和认知评价理论（见表3-3）。因此，通过对信任内涵、信任类别及信任关系的分析，消费者感知在线评论有用性的信任途径可以通过认知信任和情感信任两种方式实现。

表 3-3 理论基础

理论	解释
认知—情感理论	消费者在进行信息加工的过程中主要使用认知系统和情感系统这两种信息处理方式。这两种方式在处理速度上存在差异，情感系统对信息处理速度快，但处理的信息较为简单，而当信息复杂时，会引发消费者采取认知系统处理模式，投入更多的认知资源解决问题。此外，信息在表达方式等方面的不同也会导致消费者信息加工的处理方式不同
建议采纳的情绪机制模型	在建议采纳过程中，决策者对建议会产生积极情感或消极情感，也会对建议以启发式加工或分析式加工的方式进行认知评估，情感和认知之间具有双向影响，二者对建议采纳同时具有直接作用
效应层级模型	该理论被用来描述广告对消费者购买决策的累积效应。消费者从最初接触产品到购买决策所遵循的步骤为不清楚产品，清楚产品，了解产品相关知识，喜欢产品，对产品产生偏爱，具有购买意愿和做出购买行为。这一系列活动可以依次归纳为认知过程、情感过程和付诸行为等三个层次。上一次层次的出现是下一个层次出现的基础
认知评价理论	该理论强调个体对刺激的第一反应是对与环境相关的标准的认知评估，如重要性、一致性或能力。对这些标准的认知评价会引起与评价结果相匹配的情感反应。对这些情感反应的行为，即为最终的个体行为

4. 消费者感知在线评论有用性的信任路径

信任心理是电子商务网站发展过程中最为重要的内部心理活动。在线评论有用性形成的刺激因素包括与信息内容相关的影响因素、与信息人相关的影响因素和与信息技术相关的影响因素，而信任维度中认知信任和情感信任两种信任维度被广泛应用到在线消费者行为研究之中。因此，消费者感知在线评论的信任形成路径分析主要研究与在线评论有用性相关的刺激因素如何影响消费者的认知信任和情感信任及认知信任和情感信任之间的内在关联及其对消费者行为的作用。

3.5 基于 SOR 理论的研究总体框架设计

3.5.1 设计原则

基于 SOR 理论的消费者感知在线评论有用性形成机理与评价研究框架的设计需要以科学理论为基础，同时考虑消费者感知在线评论有用性的形成过程，因此，将以下设计原则作为框架构建标准。

1. 系统性原则

消费者感知在线评论有用性形成过程是一个完整的流程，其特征是在线评论信息内容由信息发送方传递给信息接收方,因而,总体框架设计应综合考虑信息发送方和信息接收方两方面的因素。

2. 可行性原则

基于消费者感知的在线评论有用性评价方法应可以在实际中得到应用,为平台设计者或管理者改进在线评论信息质量提供明确的方向,同时实现为消费者提供高质量在线评论信息内容和高性能在线评论筛选工具的目的。

3. 科学性原则

基于 SOR 理论对在线评论有用性形成机理与评价进行分析需要对消费者感知过程进行科学研究,因此对刺激因素识别过程、信息加工过程和消费者行为反应过程的探索分析均应具有科学性,以心理学理论、消费者行为理论和管理学领域中的科学理论为支撑,准确和完整分析消费者感知在线评论有用性的过程。

4. 可靠性原则

为了准确分析和评价消费者感知在线评论有用性的过程,应对相关理论进行深入分析,对数据来源、指标设计和方法选择进行认真的思考,保证各个方面或环节的高质量,确保研究的可靠性。

3.5.2 SOR 理论运用依据

1. 弥补行为心理学对内部心理活动过程的研究缺失

行为心理学重点关注个体对刺激的行为反应而忽略对内部心理状态的研究。SOR 理论将个体心理状态作为主要研究内容,其研究框架包括影响消费者感知的外部刺激因素、有机体心理状态和有机体对刺激经过心理感知后的行为反应等三个阶段。

2. 适用于在线消费者行为研究

在线购买行为、社交网站使用行为、在线转发行为、在线医疗服务选择行为和在线社交互动行为等相关研究中均采用 SOR 理论对消费者心理活动进行分析。

因此,采用 SOR 理论作为分析消费者感知在线评论有用性过程的理论依据具有充分的理由。

3.5.3 总体研究框架构建

本书基于 SOR 理论从刺激因素、心理状态、行为反应这三个阶段构建消费者感知在线评论有用性的研究框架。首先通过对消费者在线评论有用性形成的刺激因素进行分析发现，评论长度和评论者等级分别是衡量信息质量和消费者可信度的关键影响因素，但相关研究存在缺陷。因此，在本书中笔者认为应在已有在线评论有用性影响因素的研究基础上对其进行更深入的挖掘，分析消费者感知在线评论信息质量的关键指标，取代以评论长度作为信息质量评价的指标。本书从知识特征视角主要对在线评论信息内容进行深入分析，识别和确定在线评论信息质量评价标准，以其作为评价在线评论信息质量的指标。并结合在线评论的信息人特征和信息技术特征分析其对在线评论接收者情感心理、信任心理的影响及消费者感知这些心理状态后的行为反应。通过对消费者感知在线评论有用性形成过程的刺激因素、心理状态和行为进行分析，基于消费者感知过程发现影响消费者感知在线评论有用性最为重要的因素和行为，以此判断在线评论信息发送者和接收者之间的交流程度，并作为评价消费者感知在线评论有用性的方法。最后根据上述研究提出提高消费者感知在线评论有用性的策略和建议。本书的总体研究框架如图 3-5 所示。

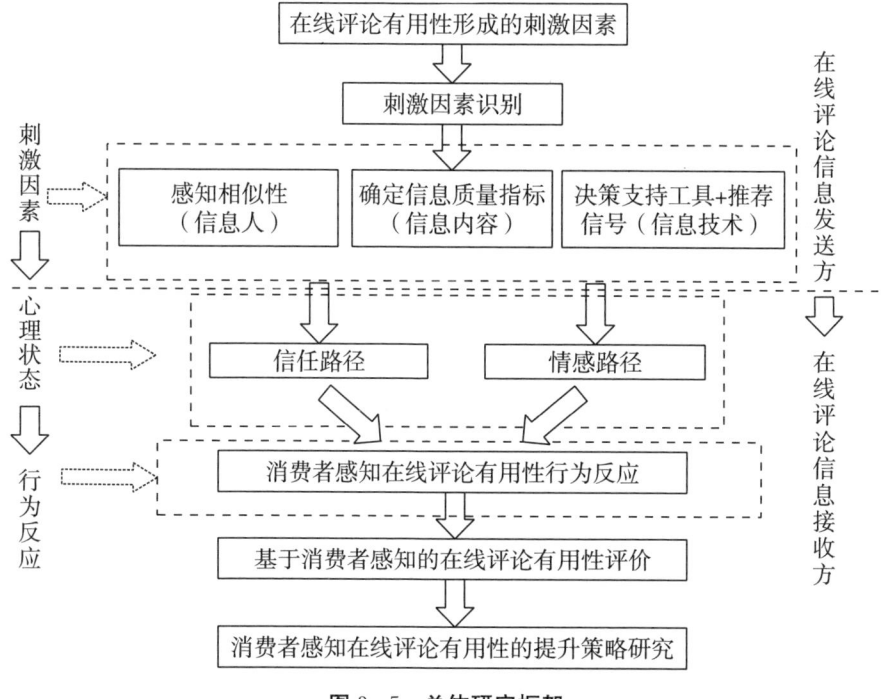

图 3-5 总体研究框架

3.6 本章小结

首先，对消费者感知过程、在线评论内涵和特点、在线评论有用性内涵进行了介绍。其次，对消费者感知在线评论的形成动力进行分析。再次，对消费者感知在线评论的刺激因素识别阶段、信息加工阶段和行为反应阶段等过程进行详细分析，并从信息内容和信息人等维度对消费者感知在线评论有用性的刺激因素进行分析。此外，对消费者感知在线评论有用性的形成路径进行阐述和分析。最后，基于 SOR 理论对消费者感知在线评论有用性的形成机理和评价研究框架进行设计。

第4章 消费者感知在线评论有用性的刺激因素分析

刺激因素是激发消费者产生情感和信任的重要因素。通过前文对消费者感知在线评论有用性形成的刺激因素进行分析发现，评论长度和评论者等级作为在线评论信息质量和信息来源可信性的评价指标存在缺陷。因此笔者从知识特征视角，对在线评论信息质量的评价指标进行分析，以此为后续章节研究在线评论信息质量对消费者心理状态和行为反应的作用效果进行铺垫。

4.1 刺激因素分析的概念模型

4.1.1 刺激因素识别的问题描述

在线评论是消费者观点的呈现，蕴含着人们对事物认识的信息、知识和智慧，体现了人对知识的动态发现过程和静态认知结果。在线评论知识共享实现了消费者与读者彼此之间经验、技能等具有价值性和稀缺性信息资源的交流讨论，实现了由知识源向知识受体进行传播和感知的过程。知识交互的过程丰富了消费者对品牌的记忆网络，为其判断零售商的服务质量提供了更可靠的依据，又可实现消费者之间的资源融合。购买前后体验的对比也可为其他消费者提供更丰富的产品知识，知识量越大越能影响消费者对在线评论有用性的感知程度。因此，在线评论知识对消费者感知在线评论有用性具有重要意义。

但对在线评论有用性刺激因素的相关研究进行分析后发现，在线评论有用性刺激因素主要是从信息内容特征和评论者特征的视角进行探索，信息内容特征包括评论长度、评论可读性、评论星级和评论时间等与评论内容相关刺激因素，评论者特征主要涉及评论者信息披露、评论者经验、评论者专家标签、评论者好友数和评论者粉丝数等刺激因素。因此，本书在对相关文献进行分析后产生了一系列的思考。

首先，评论长度是否对在线评论具有影响？在线评论信息内容中存在这样一种评价内容形式，此类评论相比其他评论而言具有较长的文字描述，但文字内容后半部分全部为相同的拟声词，无法为消费者提供产品在质量、颜色、外观、物流服务和售后服务等方面的购买经验，因此以评论长度作为刺激因素分析其对在线评论有用性的作用效果存在争议。结合上文对与信息内容相关的刺激因素的分析，评论长度对在线评论有用性的作用效果在理论研究和现实情况等方面均具有较大争议。

其次，相关研究强调产品属性特征词和情感特征词对在线评论有用性的作用效果，重视评论内容中描述产品功能、性能、外观、服务和情感强度等方面的特征词，但未考虑特征词之间的同质性问题，如全部描述产品性能的在线评论信息内容与从功能、外观和服务等多种角度进行说明的在线评论信息内容对消费者的感知有用性是否存在差异？

再次，仅考虑评论者特征对消费者感知在线评论有用性的影响是否合适？在线口碑传播模型中分析了口碑信息发送者（评论者）与在线口碑接收者在信息传播过程中扮演的重要角色，如邓卫华和易明（2011）基于信息过程模型构建虚拟社区口碑传播模型，其中主要的信息人涉及口碑传播者和口碑接收者；杜学美、薛平、宋述秀（2018）基于透镜模型探讨在线评论接收者是否可以从在线评论发送者处有效获取要传达的信息。这些研究都表明在线评论信息传播的相关研究中应综合考虑信息发送者和信息接收者两种影响因素。

最后，在线评论有用性的评价指标主要以在线评论赞同投票数或在线评论赞同投票数占比进行衡量，是基于赞同投票数对在线评论有用性的直接评价。但许多在线评论平台不仅设置有用性赞同投票功能，在线评论信息浏览者更可以利用问答功能与发评者和其他浏览者进行沟通和互动，深入了解产品或服务情况，而现有关于在线评论有用性研究的相关文献很少关注这种间接感知方式用以评价在线评论有用性。

综上所述，笔者主要探讨在线评论信息内容、在线评论发评者与接收者之间的关系对消费者感知在线评论有用性的作用效果及在线评论有用性还可以用哪些指标进行完善。

为了解决这些问题，本书基于知识特征视角，构建涵盖知识密度、知识粘性、知识距离和知识宽度等影响因素的指标体系，利用 Tobit 模型和在电子商务网站在线评论平台上获取的在线评论数据对研究假设进行检验和分析。本书从知识特征视角提出了在线评论有用性影响因素的测量维度，分析了知识特征对在线评论有用性的作用机制，进一步丰富了在线评论有用性影响因素的研究内容。由此得出的研究结果有助于消费者发表更加有用的在线评论信息内容、辅助读者快速识别有用的在线评论知识，实现卖家和第三方平台对在线评论的优化与管理和提高顾客购买决策效率。

4.1.2 消费者感知在线评论有用性刺激因素的概念模型构建

本书主要关注对在线评论有用性刺激因素的分析。基于信息采纳模型和对与信息内容相关和与信息人相关的在线评论有用性影响因素相关文献的分析,本书提出基于知识特征的在线评论有用性影响因素概念模型(如图4-1所示)。本书主要研究知识密度、知识粘性、知识距离和知识宽度等刺激因素对赞同投票数和问答数两项有用性评价指标的影响。

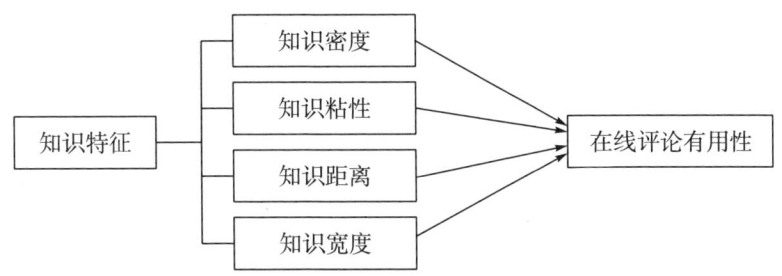

图4-1 在线评论有用性刺激因素分析概念模型

4.2 消费者感知在线评论有用性的刺激因素分析及研究假设

知识特征是对知识所具特点的概括与总结。知识特征的分类具有多种形式。知识具有复杂性、专属性、粘性、密度和宽度等特征(朱红涛,2012)。知识距离是知识的一种特征,知识转移过程中知识源与知识受体各自的知识基础导致知识差异出现,形成知识距离,同时知识距离也是知识转移的动力(周密,赵文红,宋红媛,2015)。石乘齐(2014)将知识特征的层次构建划分为知识宽度、知识存量等绝对测度和重要性、相似性等相对测度。基于以上对知识特征的研究,本书将知识密度、知识粘性、知识距离和知识宽度等知识特征作为在线评论有用性影响因素的研究变量。

不同知识类别的组合形成不同的知识宽度,知识宽度是对评论内容中异质知识数量的统计,如产品属性特征、情感特征、服务水平特征和物流质量特征等四类异质知识特征词可以从不同角度对消费者购买经历进行说明,有助于完善和丰富消费者的认知需求(李中梅,张向先,郭顺利,2017)。知识密度是以相对指标反映知识量的程度,知识密度越大,说明消费者获取更多知识的可能性越大。知识在转移的过程中,接收方的吸收能力、因果关系模糊等原因会产生认知成本，形成知识转移障碍，影响消费者对在线评论的感知（晏自翔，卞艺杰，2016）。知识粘性是消费者阅读在线评论时获得、转移和使用知识时产生的成本，表示在线评论知识具有粘性。在线评论知识具有距离特征，如知识差距可以代表消费者拥有知识的程度不同，在线评论社区中表现为以账户信息、购物经历和评价历史等多方面为基础进行综合评价而产生的消费者等级评分差异，等级的差异说明消费者之间存在知识距离（宋艳双，刘人境，2016）。

4.2.1 与信息内容相关的研究假设

1. 知识密度对在线评论有用性的影响

知识密度被定义为一项知识内容所必不可少的知识量占所使用知识量的比重，描述目标知识内容和一般信息量之间的关系（王浣尘，2006）。知识密度越高表示拥有的专属知识越多（Almor，Hashai，Hirsch，2006）。在线评论中，并不是所有信息都是有用的，只有基于读者意图并从感官记忆中过滤的信息才能引起读者的短期记忆（Swar，Hameed，Reychav，2017），包括服务体验特征词（严建援，张丽，张蕾，2012）、产品属性特征词（彭丽徽，李贺，张艳丰，等，2017）和情感特征词（李中梅，张向先，郭顺利，2017）。关键产品信息可以增加评论内容的效用价值，帮助消费者进行购买决策。但无用信息会对在线评论知识产生"淹没效应"和噪声，影响在线评论的有用性。

如果评论者对产品或服务进行评价时，评论内容没有提供充足信息，消费者不会轻易接受和相信他的观点，可能通过阅读正反两方面信息后才会将自身观点与评论内容相结合。Zhang、Lin（2018）将评论内容中包含的与产品特征或情感特征相关的主题数量定义为在线评论信息内容的丰富性，发现在线评论信息内容越丰富越有助于消费者感知在线评论有用性。严建援、张丽、张蕾（2012）从在线评论知识数量角度对在线评论有用性进行分析，认为产品质量、使用感受、服务态度和物流速度可以增强消费者的感知在线评论有用性。因此，提供与产品特征和情感特征相关的在线评论信息内容对于提高在线评论信息内容的价值和预测在线评论有用性具有重要作用。

但较长评论中无用信息的存在会稀释与产品特征或情感特征相关的知识对在线评论有用性的作用效果（Willemsen，Neijens，Bronner，et al，2011）。因此，本书引入知识密度这一相对指标，将在线评论知识占评论信息的比重定义为知识密度。王浣尘（2006）将知识密度定义为知识内容中必不可少的知识量所占的比重。这不仅考虑了产品特征与情感特征等有价值的信息对在线评论有用性感知的影响，同时也考虑了冗余信息对在线评论有用性感知的干扰。对比上述文献分析中以评论长度等绝对指标研究在线评论信息的价值，知识密度指标更能从相对视角衡量在线评论信息内容的价值。知识密度越大表示拥有的专属知识越多，可以作为评估知识优势的指标（毛蕴诗，应红，2016）。因此，知识密度越大，说明在线评论中相对有用的知识越多，对在线评论的有用性感知影响越大。故提出假设 H1：

H1：在线评论知识密度与在线评论有用性之间具有正向关系。

2. 知识粘性对在线评论有用性的影响

粘性是知识的特点之一。信息粘滞可以被理解为知识粘滞，其核心含义代表知识流动的难度，在转移和应用过程发生的阻滞现象即为知识粘性。知识在转移过程中对知识转移者具有依附性，知识流动速度取决于知识粘性对传播、吸收和理解的影响程度，知识粘性越大，所需付出的认知成本也越大。

知识粘性造成知识流动的困难性（周贺来，2008）。在知识转移过程中，知识对其拥有者具有一定的粘附性，会形成转移障碍，导致个体在阅读时付出更多的努力，并影响消费者的阅读能力和阅读速度。在线评论中包含许多对消费者制定决策有价值的信息，但复杂的评论内容在语言风格方面不容易被理解，较少吸引消费者的注意。相关研究认为在线评论信息内容以合适的段落数呈现，有助于提高在线评论知识转移的流畅性（刘伟，徐鹏涛，2016）。知识粘性越低，知识转移的数量越多，消费者对在线评论有用性的感知程度越高。此外，在线评论的知识粘性可以反映内容质量的高低和评论者在教育程度、购物经验和社会地位等方面的差异，知识粘性越高，说明评论者的个体特征不具备较高的可信性，不利于在线评论信息内容的传播和消费者对在线评论有用性的感知。降低知识粘性的主要途径是提高在线评论信息内容的可读性。在线评论信息内容的可读性反映读者对在线评论内容的认知程度，可读性越高，认知成本越低，越有助于降低知识粘度，增强在线评论有用性的感知程度。因此，提出假设 H2：

H2：知识粘性与在线评论有用性之间具有负向关系。

3. 知识宽度对在线评论有用性的影响

知识宽度是指拥有知识元素的多样性，能反映主体知识的多样化程度。知识多样化程度不仅强调知识在数量上的增长，同时强调知识的异质特征。有限的异质知识无法对知识接收者产生较大的效用，知识效用评价也较低。在线评论详细性是指评论者对产品每个概念或属性描述的详细程度，但某一方面的信息越详细，评论中涉及的其他概念和属性可能越少。消费者在浏览在线评论时也不仅仅关注评论内容一方面的论证信息，更多的可能是从正反两个方面的立场进行判断。因此，实现知识效用的最大化需要改变知识宽度。消费者所重视的产品评论观点、体验感受和产品服务等概念和属性构成在线评论知识的宽度，知识宽度与在线评论有用性密切相关。根据上述分析，提出假设 H3：

H3：知识宽度与在线评论有用性之间具有正向关系。

4.2.2 与信息人相关的研究假设

在线评论信息传播过程主要涉及的信息人为信息内容的发送者和接收者，发送者和接收者之间的相似性可以增加个体间交流的可能性和促进沟通的有效性，这也是人际交往最基本的原则之一，其含义主要是指个体间在交流过程中在知识（购买经验）、信念、价值观、教育程度、社会地位、收入和性别等方面的相似程度（Zhang，Lu，Chen，et al，2017）。本书将在线评论信息内容的发送者和接收者之间的购买经验定义为知识距离。在线社交社区中，消费者知识相似性以标签关键词的重叠作为判断标准，个体间分享相似的知识有助于群体的形成。但电子商务环境下消费者需要新的信息支持购买决策，产品知识被认为是消费者在信息处理过程中和决策制定过程中的关键因素，因此，在此背景下在线评论信息发送者和接收者之间的知识相似性不利于信息交流和辅助消费者进行决策。

在线评论知识属于显性的简单知识，即使知识距离较大，在线评论接收者对于知识的吸收和理解也不会存在较大的障碍，相反知识距离较小，在线评论发送者和接收者之间的知识水平相似度较高，新知识的异质性程度较低，反而影响消费者对在线评论有用性的感知。随着知识距离的扩大，在线评论接收者获取更多新知识的可能性变大，有助于在线评论信息接收者对在线评论有用性感知水平的提高。因此，提出假设 H4：

H4：知识距离与在线评论有用性之间具有正向关系。

4.3 数据来源与研究方法

4.3.1 数据来源

根据 Darby、Karni（1973）对产品的分类，电子商务环境下产品或服务类型可以划分为搜索型产品、体验型产品和信任型产品。搜索型产品是指消费者可以在购买前搜集到有关产品或服务的相关信息从而做出购买决策的产品；体验型产品是指消费者在购买使用后才能对产品或服务做出评价的产品。因此，相对于搜索型商品，消费者购买体验型商品更需要参考在线评论信息内容来支持决策，降低不确定性。闫强、孟跃（2013），盘英芝、崔金红、王欢（2011）和郝媛媛、叶强、李一军（2010）都支持以体验型商品作为在线评论有用性刺激因素分析的研究对象。体验型商品主要包括图书、电影和音乐等类型。本书选择图书商品作为研究对象，样本数据的描述性统计分析见表4-1。

表4-1 样本数据的描述性统计分析

项目	均值	最大值	最小值	标准差
赞同投票数（HV）	17.45	355.00	1.00	45.19
问答数（HA）	7.50	525.00	1.00	28.94
知识密度（KL）	0.39	0.98	0.01	0.15
知识粘性（KI）	64.11	418.00	1.00	83.47
知识距离（KD）	12.90	442.00	2.11	22.10
知识宽度（KW）	2.14	5.00	1.00	1.05

4.3.2 变量定义和测量

1. 因变量

通过对在线评论有用性影响因素进行分析，本书的因变量为两个，分别为在线评论赞同投票数和在线评论问答数。Hong、Xu、Wang等（2017）基于49篇文献利用赞同投票数评价在线评论有用性。因此，以在线评论赞同投票数作为评价指标之一具有广泛的研究基础。在线评论问答数体现了消费者之间的互动程度，实现了对读者疑问的解答（张艳辉，李宗伟，赵诣成，2017）。问答数的增加表明消费者可以为读者提供更多有用知识的可能性在变大，影响消费者对在线评论有用性的感知程度。电子商务网站利用消费者的问答数进行排名，问答数越多说明在线评论质量越高（何有世，李娜，2016）。问答数量也体现了消费者对评论内容的关注度，可以反映评论的有用性。因此，本书以在线评论问答数作为评价在线评论有用性的第二个指标。

2. 自变量

对知识特征的四个维度进行测量的关键是对在线评论知识的识别。通过前文对知识特征与在线评论有用性的相关研究，对知识密度、知识粘性、知识距离和知识宽度的测量方法进行分析。

（1）计算知识宽度。

领域知识库主要涉及特征词库、情感词库、停用词库和分类词库等多个方面，而在线评论有用性领域知识库的构建主要基于商品或服务的特征领域词和情感极性词语。根据已有文献对特征提取的研究，利用语义分析系统 ICRCLAS 和 Excel 表格统计知识特征的相关数据，从产品和服务两个主要方面提取相关特征词，将相近的特征词进行归类建立产品和服务的通用词库（夏火松，甄化春，张颖烨，等，2016）。知识宽度即为通用领域词包含的维度。图 4-2 为通用领域词概念模型。

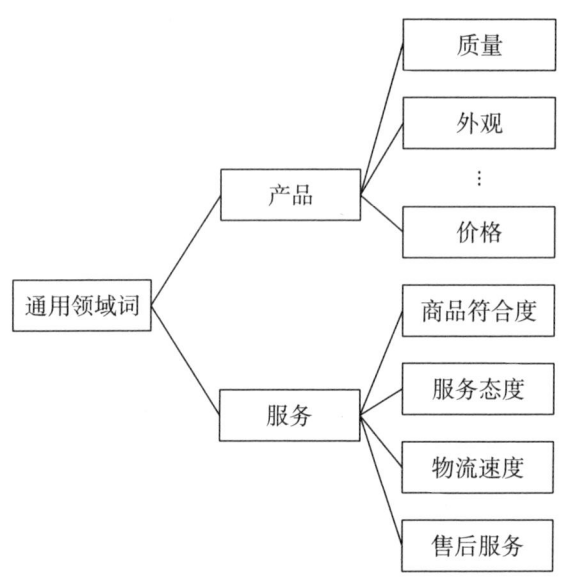

图 4-2　通用领域词概念模型

（2）计算知识密度。

知识密度被定义为一项知识内容所必不可少的知识量占所涉及的知识量的比重。知识密度的计算方式如公式（4-1）所示：

$$\rho = \frac{v_{\min}}{v} \qquad (4-1)$$

其中，ρ 表示知识密度，v 表示所涉及的知识量，$v_{\min}$ 表示必要的知识量（王浣尘，2006）。

参考知识密度的计量方法，本书将在线评论信息内容中的知识密度表示为以下形式，如公式（4-2）所示：

$$\rho_m = \frac{v_m}{v_n} \qquad (4-2)$$

其中，ρ_m 为在线评论的知识密度；v_m 表示在线评论信息基于语义分析系统而提炼出有关产品属性等知识的数量，以知识评论字数作为统计指标；v_n 为在线评论信息内容的总量，表示在线评论信息内容的总字数。

(3) 计算知识距离。

知识距离是指知识供求双方拥有知识、技能的相似程度（雷井生，2009）。本书以样本数据中评论者等级的平均值作为在线评论知识接收方拥有知识的平均程度，以评论者等级与评论者等级的平均数之间的差值作为在线评论知识供求双方的知识差距。

(4) 计算知识粘性。

知识粘性越大，说明在线评论知识在信息人之间的流动难度越大，不易于信息接收者对在线评论的理解，反之，知识粘性越小则表示信息接收者易于理解评论内容，因此可以用在线评论可读性的评价指标解释知识粘性。相关研究提出检测文本可读性的方法，主要包括 ARI 指数、CLI 指数、FK 指数、FOG 指数、SMOG 指数和中文文本可读性计算公式等六种（见表 4-2）。考虑到 ARI 指数、CLI 指数、FK 指数和 FOG 指数是针对外文文本为研究对象的，本书基于汉语言的特点，选择参照闫强、孟跃（2013）对可读性的计算方法衡量在线评论的知识粘性。

表 4-2 可读性检验

可读性	计算公式
Automated Readability Index（ARI 指数）	$ARI = 4.71\dfrac{C}{W} + 0.5\dfrac{W}{S} - 21.43$
Coleman-Liau Index（CLI 指数）	$CLI = 5.89\dfrac{C}{W} - 0.3\dfrac{W}{S} - 15.83$
The Flesch-Kincaid or Flesch Reading Ease Index（FK 指数）	$FK = 206.835 - 1.015\dfrac{W}{S} - 84.6\dfrac{SY}{W}$
Gunning-Fog Index（FOG 指数）	$FOG = 0.4\left(\dfrac{W}{S} + 100\dfrac{CW}{W}\right)$
Simple measure of Gobbledygook（SMOG 指数）	$SMOG = 1.043\sqrt{30 \times \dfrac{QP}{QS}} + 3.13$
中文文本可读性计算公式	正文总字数/正文标点符号数

注：笔者根据资料整理所得。C 代表字符数，W 代表单词数，S 代表句子数，SY 代表音节数，CW 代表复杂单词数，QP 代表音节数量，QS 代表句子数量。

资料来源：Ong T, Mannino M, Gregg D, 2014. Linguistic characteristics of shill reviews [J]. Eletronic commerce research and applicationsz (13): 69-78.

变量类别、变量名及变量描述详见表 4-3。

表 4-3　模型变量和指标测度

变量类别	变量名	变量描述
因变量	在线评论有用性	在线评论赞同投票数（HV）
		在线评论问答数（HA）
自变量	知识密度（KL）	知识评论字数/评论总字数
	知识粘性（KI）	评论字数/评论标点符号个数
	知识距离（KD）	评论者等级评分与平均等级评分差值
	知识宽度（KW）	知识特征维度量

4.3.3　研究方法

Tobit 模型是在 Probit 模型的基础上提出的，用于分析家庭耐用品需求。Probit 模型属于二元选择模型，其因变量只有两个，用来判断"是"或"否"、"0"或"1"的研究结果。其模型表达可以用公式（4-3）表示：

$$Y = \begin{cases} 1, & -\varepsilon < X\beta \\ 0, & 其他 \end{cases} \quad (4-3)$$

其中，Y 为因变量；X 为自变量；β 为回归系数；ε 为误差项。

而 Tobit 模型在结构上主要是对单一条件连续选择模型和样本选择偏差两部分进行考虑。在本书的应用研究中，在线评论赞同投票数和问答数的取值范围为大于 0 的正整数。因变量存在受限情况，以传统的最小二乘法回归进行估计，参数会产生偏差，并且估计量是不一致的。而 Tobit 模型的主要特征为因变量是以受限方式观测，其模型可以用公式（4-4）表示：

$$Y = \begin{cases} Y^*, & Y > 0 \\ 0, & Y = 0 \end{cases} \quad (4-4)$$

其中，$Y^* = X\beta + \varepsilon$，为受限因变量。Tobit 模型可以分为以下五类（见表 4-4）。

表 4-4　五类 Tobit 模型适用模型类型

模型	适用模型类型
简单受限因变量模型	审查数据模型或截断数据模型
审查因变量模型	广义 Tobit 模型
样本可分割的转换回归模型	
包含指标内生变量的迭代模型	
非市场均衡模型	

根据前文的假设推理和变量选取，构建如下两组 Tobit 模型，即公式（4-5）和公式（4-6），分别表示以在线评论赞同投票数和问答数为因变量的模型：

$$HV = \alpha_1 KL + \alpha_2 KI + \alpha_3 KD + \alpha_4 KW + \alpha_5 RR + \alpha_6 RT + \varepsilon_1$$
$$HV = \begin{cases} HV, & HV > 0 \\ 0, & HV \leqslant 0 \end{cases} \tag{4-5}$$

$$HA = \beta_1 KL + \beta_2 KI + \beta_3 KD + \beta_4 KW + \beta_5 RR + \beta_6 RT + \varepsilon_2$$
$$HA = \begin{cases} HA, & HA > 0 \\ 0, & HA \leqslant 0 \end{cases} \tag{4-6}$$

其中，$\alpha_1, \cdots, \alpha_6, \beta_1, \cdots, \beta_6$ 分别为各自变量的回归系数，ε_1、ε_2 为残差项，RR 为评论者等级，RT 为评论及时性。

4.4　刺激因素分析的实证检验

本书回归分析结果见表 4-5，模型 1 和模型 2 分别代表以在线评论赞同投票数和问答数作为因变量进行 Tobit 回归的结果。

表 4-5　Tobit 回归的实证结果

变量	模型 1 系数	模型 1 标准误差	模型 1 p 值	模型 2 系数	模型 2 标准误差	模型 2 p 值
知识密度（KL）	0.1705	0.1487	0.2517	0.3074	0.1181	0.0092
知识粘性（KD）	−0.2726	0.1457	0.0613	−0.2598	0.1156	0.0246
知识宽度（KW）	0.7617	0.1347	0.0000	0.5081	0.1069	0.0000
知识距离（KI）	0.1803	0.1092	0.0989	0.1177	0.0867	0.1747

由表4-5的回归结果可知，在模型1和模型2中，知识粘性与在线评论有用性具有显著的负向关系，知识宽度与在线评论有用性具有显著的正向关系；知识密度与在线评论有用性具有正向关系，在模型1中没有通过显著性检验，但在模型2中通过了显著性检验；知识距离与在线评论有用性具有正向关系，在模型1中通过了显著性检验，而在模型2中未通过显著性检验。

在线评论赞同投票数的回归结果表示，知识密度与在线评论有用性具有正向关系但不显著，因此假设H1不成立。本书认为在线评论知识内容的异质性是导致知识密度对在线评论有用性的影响效果不显著的主要原因。知识密度强调知识数量占在线评论总数的比重，但相同属性知识在数量上增加并不能引发消费者感知在线评论有用性的提高。在线评论信息内容的多次重复虽起到强调作用，但同一知识特征数量的增加并不能显著提高在线评论有用性，这也在另一方面证明知识宽度对在线评论有用性的显著影响。知识宽度是指在线评论涵盖异质知识的程度，是对在线评论异质知识程度的计量。本书中知识宽度的回归系数为0.7617，且在10%的水平下显著，假设H3得到验证。这说明知识宽度越大，越有助于消费者感知在线评论有用性。知识粘性的回归系数为负数且在1%的水平下显著。这说明假设H2得到支持。知识粘性越大，消费者对在线评论感知的有用性程度越低。本书认为认知成本产生知识粘性会影响消费者识别有用的在线评论知识，造成在线评论有用性感知程度下降。知识距离与在线评论有用性之间存在显著的正向影响，这表明知识距离越大在线评论有用性越高。也就是说，在线评论有用性影响因素不应仅考虑评论者等级的影响，知识接收者的接收能力同样影响其对在线评论有用性的感知。因此，仅以评论者等级作为在线评论有用性影响因素的相关研究存在一定的局限。

在线评论问答数的回归结果表示，知识密度对在线评论有用性具有显著的正向影响，但与赞同投票数作为因变量的回归结果存在截然相反的结论，其原因可能是在线评论问答数表明消费者对在线评论知识存在疑惑，需要更多在线评论知识消除消费者的不确定性和增加对在线评论知识的信任度，因而导致知识密度在以赞同投票数和问答数为因变量的回归模型中的系数存在差异。某一产品同一知识特征的描述出现重叠而导致知识密度的提高也有助于在线评论有用性的增强。知识粘性的回归系数为-0.2598，在5%的水平下显著，假设H2成立。对比在线评论赞同投票数回归结果下知识粘性的系数，发现两模型回归系数相近，都在-0.26左右，因此可以认定知识粘性在赞同投票数投票环节和问答环节中对在线评论有用性具有相同程度的负向作用。知识距离的系数为正但不显著，假设H4不成立。本书认为问答数作为在线评论有用性的评价指标说明在线信息发送者和在线评论信息接收者之间存在信息不对称。这种信息不对称使个体对商品、交易和在心理方面产生不确定性，而评论者等级作为消费者已知的信息，无法在问答环节减少消费者的不确定性，消费者更期望获得其他在线评论知识以减少不确定性。而知识宽度的增加对于减少消费者的不确定性、提高对在线评论有用性的感知具有显著的作用，这也验证了假设 H3 的正确性，即问答环节，知识宽度对在线评论有用性具有正向作用。表 4-6 为研究假设的验证结果。

表 4-6 研究假设验证结果

研究假设	验证结论	
	模型 1	模型 2
H1：知识密度与在线评论有用性之间具有正向影响	不成立	成立
H2：知识粘性与在线评论有用性之间具有负向关系	成立	成立
H3：知识宽度与在线评论有用性之间具有正向关系	成立	成立
H4：知识距离与在线评论有用性之间具有正向关系	成立	不成立

4.5 刺激因素分析的检验结果讨论

实证结果表明知识密度与在线评论赞同投票数无显著的正向关系，而与在线评论问答数呈正向的关系。这说明知识密度的增加有助于缓解和消除在线评论接收者对知识的不确定性和不信任性，而对持有信任态度的在线评论信息接收者无显著影响。知识粘性与在线评论赞同投票数和问答数都有显著的负向关系，因此知识粘性对在线评论有用性具有负向影响。这说明提高在线评论有用性需要降低知识粘性，可以通过合理安排在线评论信息内容的段落、增强在线评论知识接收方的吸收能力和强化在线评论信息内容的因果关系等途径实现知识粘性的降低。知识距离与在线评论赞同投票数之间呈正向关系，而与在线评论问答数无显著正向关系。在线评论问答数是通过不断降低和消除在线评论知识接收者的不确定性和不信任来提高在线评论有用性，知识距离在以问答数作为因变量的回归方程中系数为正但不显著，说明知识距离在此过程中并不能消除不确定性和不信任性。知识宽度与在线评论赞同投票数和问答数分别具有显著的正向关系，因此知识宽度对在线评论有用性具有正向影响。消费者在发表在线评论知识时，应扩展在线评论知识的宽度，从产品属性特征、情感、服务水平和物流质量等多方面进行说明，才能为读者提供更加有用性的在线评论。

4.6 本章小结

为了对在线评论有用性影响因素进行更加深入的了解，笔者从知识特征视角对已有研究文献存在的不足进行了分析。基于评论长度对在线评论有用性的影响，深入分析产品属性特征词和情感属性特征词占评论内容总长度的比重（知识密度）对在线评论有用性的影响；评论内容中产品属性特征词和情感属性特征词的维度数（知识宽度）对在线评论有用性的作用；分析在线评论信息传递过程并综合考虑在线评论发送者和接收者之间的知识距离差异对消费者感知在线评论有用性的影响；并探讨知识粘性对在线评论有用性的作用。通过实证模型检验，本书的部分研究假设得到了证实，发现产品和情感属性特征词可以缓解消费者的感知不确定，在线评论信息内容中知识宽度的增加对消费者感知在线评论有用性具有积极影响；提高在线评论信息内容的可读性同样对增强消费者感知在线评论有用性具有重要意义。在线评论信息发评者和接收者之间存在的知识距离更有利于消费者感知评论内容有用性。

第 5 章 消费者感知在线评论有用性的情感心理及行为反应分析

情感是消费者感知在线评论有用性的重要环节。因此，笔者从信息生态系统要素视角分析了在线评论信息质量、信息人和信息技术对消费者情感心理和行为之间的关系，并基于研究假设和实证数据进行验证。

5.1 情感路径下消费者感知在线评论有用性的概念模型

5.1.1 消费者感知在线评论有用性情感心理与行为反应问题描述

社交媒体与电子商务系统集成在一起，形成电子商务的另一个分支——社群电商。社群电商通过社交媒体、在线社区或其他网络应用程序支持消费者之间共享产品信息和分享购买经验。在线评论和评级、建议和推荐、论坛和社区是社群电商的主要组成部分（Hajli，2015）。社群电商的快速崛起证明了在线评论等社交方式对电子商务平台发展的重要影响，也从另一方面证明消费者积极参与在线评论等社群活动对于自身或其他消费者获得更多有价值的信息具有重要意义。京东等国内知名电商平台也不断通过技术和服务优化在线评论平台功能，为消费者提供更优质的交流互动方式。

消费者在在线评论平台中进行交流的主要目的是获取和分享有价值的信息，并通过赞同投票行为表达自己对评论有用性的判断结果，为其他消费者筛选高质量有用的评论信息提供帮助。在线评论问答模块中消费者之间的互动交流也可以逐渐增加消费者对在线评论信息的感知有用性。因此，消费者赞同投票行为和问答行为是消费者参与在线评论的主要社群行为。

目前，对在线评论有用性影响因素的研究主要是基于信息采纳模型以评论效价、评论内容、评论者特征、积极或消极情感等因素作为自变量，以在线评论赞同投票数作为因变量进行建模分析，其研究特征是从评论文本视角分析其对信息接收者行为的影响，而忽略对信息接收者感知在线评论有用性心理情感的影响。仅有少部分研究基于期望确认理论分析了满意度对消费者持续参与在线评论意愿的影响，认为二者之间存在显著的正向关系（曹高辉，虞松涛，张煜轩，等，2017）。满意度虽是愉快情感中的一种，然而并不能充分代表愉快情感，消费者情感包括愉快情感和唤起情感两个维度，相关研究缺少对消费者唤起情感的关注。基于前文对消费者情感维度的分析，消费者情感与在线评论行为之间的关系值得进行深入探索与发现（如图 5-1 所示）。

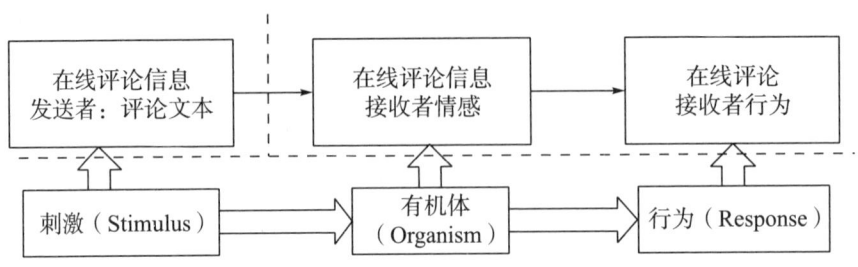

图 5-1 离散情感对在线评论有用性影响的概念模型

5.1.2 情感心理及其行为反应的概念模型构建

信息采纳模型被广泛应用于在线评论的相关研究，将用户决策过程视为信息采纳过程，分析信息质量（中心路径）和信息源（边缘路径）对消费者决策行为的影响。其主要考虑信息生态系统中信息要素和信息人要素对消费者行为的影响，但并未考虑信息生态系统中信息技术的作用机制。决策支持工具等技术因素的出现使网购信息环境不同于传统购物环境（范晓屏，卢艳峰，韩红叶，2016）。因此，探究网购信息环境下信息技术对消费者心理和行为的变化对推动电子商务的发展具有重要意义。

本书主要关注在线评论作为刺激因素如何影响消费者的愉快情感、唤起情感及这些情感反作用于消费者在线评论社群行为的影响，基于 SOR 理论和 PAD 理论，本书构建的概念模型（1）如图 5-2 所示。

第5章 消费者感知在线评论有用性的情感心理及行为反应分析

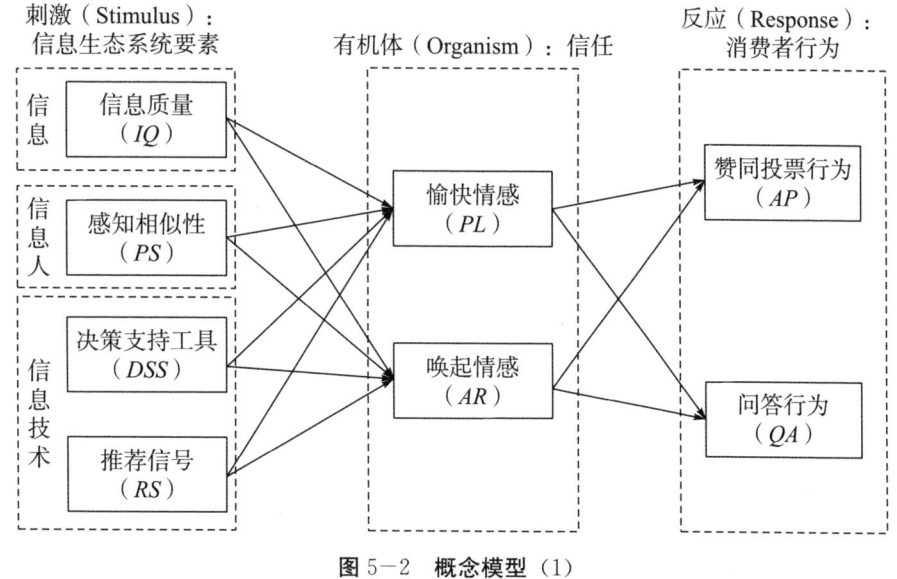

图 5-2 概念模型（1）

5.2 与消费者情感心理相关的研究假设

5.2.1 与愉快情感相关的研究假设

1. 刺激因素与消费者愉快情感

具体从信息内容特征、信息人特征和信息技术等方面分析刺激因素与消费者愉快情感之间的关系。

（1）信息质量与消费者愉快情感。

双过程理论被用来解释社会因素和信息因素对个体心理影响的效果，其中信息影响是基于接收者对信息相关内容的判断，包括信息质量维度等因素，社会规范性线索则表明个体受到社会压力，必须遵从他人的意见和期望，主要包括群体意见等因素，网络口碑的信息影响力大于规范影响力（Filieri，2015），这表明信息质量可以激发消费者对产品或服务的认知，满足消费者的需求。

（2）感知相似性与消费者愉快情感。

在品味、偏好和产品喜爱程度等方面所共有的心理特性形成消费者之间的相似性。人际间最显著和最基本的交流原则是信息交换频繁发生在具有相似特征的信息源和信息接收者之间。对互联网用户总体进行分析，发现用户具有多样性特

· 61 ·

征,但用户的社交活动趋于向具有同质性的成员展开(Chu,Kim)。基于相似性吸引理论,在电子商务中感知个体间相似程度有助于其享受相互交流的过程,使在线评论这一社群交流方式更加流畅和令人愉快(Liu,Chu,Huang,et al.,2016)。

(3)推荐信号与消费者愉快情感。

推荐信号是一种启发式线索,可以降低信息搜索成本、减少不确定性和提供产品建议。推荐信号所具有的多种优势有助于消费者减少对信息搜索和分析的担忧,增加消费者愉快的感受。

(4)决策支持工具与消费者愉快情感。

决策支持工具是电子商务网站开发的、用于帮助消费者对评论内容进行筛选的信息技术。在决策过程中,决策支持工具可以帮助消费者缩小被择产品范围,识别出与消费者自身需求相符的产品或服务,降低后续决策过程中对熟悉品牌的依赖和不确定性,提高对信息筛选的满意度。Xiang、Zheng、Zhang 等(2018)分析第三方在线评论平台时认为平台可以从消费者处获得许多令人信服和可靠的信息内容并传递给商家,而潜在消费者从在线评论平台中获得的帮助越多,越会对在线评论感到满意。

基于此,提出如下假设:

假设 5-1:信息质量对消费者愉快情感具有积极作用。

假设 5-2:感知相似性对消费者愉快情感具有积极作用。

假设 5-3:推荐信号对消费者愉快情感具有积极作用。

假设 5-4:决策支持工具对消费者愉快情感具有积极作用。

2. 愉快情感与消费者行为

对于在线评论信息发送者,满意的服务和产品会引起喜悦、乐趣和享受等积极情感,为了表示对商家的感谢和敬意,这种积极情感反过来会影响消费者提供含有称赞语义的在线评论的意愿(Yan,Wang,2018)。满意度被定义为潜在消费者对消费者贡献的在线评论的认知评价,如满意/不满意,快乐/失望。满意度对消费者持续使用在线评论具有强烈作用。潜在消费者对消费者贡献的评论内容越满意,越有可能继续参与在线评论的相关讨论和问答活动。

基于此,提出如下假设:

假设 5-5:消费者愉快情感对在线评论赞同投票行为具有积极作用。

假设 5-6:消费者愉快情感对在线评论问答行为具有积极作用。

5.2.2 与唤起情感相关的研究假设

1. 刺激因素与消费者唤起情感

具体从信息内容特征、信息人特征和信息技术等方面分析刺激因素与消费者唤起情感之间的关系。

（1）信息质量与消费者愉快情感。

对产品或服务满意的消费者会进行多重属性的积极评价，而负面评价是消费者对产品服务的一种抱怨和发泄行为，通常会针对具体不满意的方面进行详细描述。因此，积极评价和消极评价等极端评价的知识密度和知识宽度较大，比持中立态度或混合情感态度的评论内容会收到更多在线评论有用性的投票。这说明观点态度清晰的高质量评论内容更容易唤起消费者积极的回复。

（2）感知相似性与消费者唤起情感。

Shen、Zhang、Zhao（2016）等认为态度相似性会导致消费者降低对已拥有信息的价值衡量，更依赖从具有相似价值观的其他消费者处获取的信息。Kim、Kandampully、Bilgihan（2018）等分析个体和网站之间的相似性关系，认为网站提供的信息和内容符合搜寻者自身的特点，消费者很可能对网站上的信息有好感和兴趣。

（3）推荐信号与消费者唤起情感。

推荐信号的产生包括两种方式，一种是由电子商务网站利用互联网信息技术和消费者数据库对高质量在线评论进行标注，另一种是消费者基于平台设定的标准发表的评论内容被标注。这两种推荐信号对在线评论进行认证或加精，其信息的可靠性和可信性更能引起消费者的兴趣（Chen，Yao，2018）。从信号理论视角也可以解释如何利用信号来影响买方对信号发送方的态度。在买卖关系中，卖方引入特定的信号来表示其产品质量，买方根据所提供的信号来评估卖方质量的有效性，因此带有推荐信号的在线评论信息内容更能引起消费者的注意和兴趣。

（4）决策支持工具与消费者唤起情感。

在线评论平台中主要以评论标签摘要和排序作为主要的决策支持工具，如与评论星级相关的标签、与评论者相关的标签、与评论时间相关的标签、与评论内容特征相关的标签和与推荐相关的标签等多种决策支持工具。使用决策支持工具筛选出的在线评论更符合消费者期待的心理和更能引起消费者的注意，激起消费兴奋点和阅读兴趣。

基于此，提出如下假设：

假设5-7：信息质量对消费者唤起情感具有积极作用。

假设5-8：感知相似性对消费者唤起情感具有积极作用。

假设5-9：推荐信号对消费者唤起情感具有积极作用。

假设5-10：决策支持工具对消费者唤起情感具有积极作用。

2. 唤起情感与消费者行为

在人机交互中，感知趣味性也会增强消费者持续使用的信念。消费者同时也希望通过与他人的交流使自己的情感逐渐稳定下来，减少信息不确定带来的不安（Huang，Ali，Liao，2017）。在与特定系统交互时，体验到积极情绪的消费者通常更倾向于与他人分享他们的积极体验，因此唤起情感对用户口碑的产生具有显著的积极影响（Verkijika，De Wet，2019）。

基于此，提出如下假设：

假设5-11：消费者唤起情感对在线评论赞同投票行为具有积极作用。

假设5-12：消费者唤起情感对在线评论问答行为具有积极作用。

5.3 调查设计和研究方法

5.3.1 数据来源

本研究涉及8个潜在变量和24个观察变量。其中信息质量（IQ）测量题项的设置参考前文从知识特征视角分析在线评论信息内容对在线有用性影响的研究结果，分别对应在线评论信息质量的知识密度、知识宽度和知识粘性等评价指标。知识密度描述为可以满足个体信息需求，知识宽度是对产品特征描述维度的详细程度，而知识粘性是指评论内容完整和易于理解。感知相似性（PS）的观察变量来自范和莱德曼（Fan，Lederman，2018）的研究。决策支持工具（DST）和推荐信号（RS）以范晓屏、卢艳峰、韩红叶（2016）的量表设计作为扩展基础。愉快情感和唤起情感根据魏胜、吴小丁、任朝阳（2017）的量表进行改编，并根据在线评论的情况加以改编。投票赞同行为和问答的观察变量基于Ahmad、Laroche（2015）的研究进行观测变量设计。

选择三十名使用过在线评论的消费者对问卷进行前测并进行修正，得到最终的调查问卷。各个变量的详细测量题项及参考来源见表5-1。在线评论平台是众多电子商务网站的重要组成部分。因此，本书参照曹高辉、虞松涛、张煜轩等（2017）对样本选取的方法，以曾在网站购物且发表过在线评论信息内容的消费者为数据获取来源，共获取387份有效样本。其中，调查样本的人口统计学特征见表5-2。

表5-1 量表构造

变量	测量题项
信息质量 （IQ）	我认为评论内容可以满足我的需求
	我认为评论内容对产品各个特征有详细的描述
	我认为评论内容是完整的和易于理解的
感知相似性 （PS）	我和发评者有相似的观点
	我和发评者有相似的态度
	我和发评者有相似的语言风格
决策支持工具 （DST）	我认为在线评论决策支持工具对筛选信息是有帮助的
	我会经常使用在线评论决策支持工具
	我认为在线评论决策支持工具提高了信息搜索水平
推荐信号 （RS）	我会参考系统的推荐信号
	我认为推荐信号的评价准确
	我认为推荐权重设置合理
愉快情感 （PL）	当我阅读在线评论时，我感觉快乐
	当我阅读在线评论时，我感觉满意
	当我阅读在线评论时，我感觉有希望获取有用信息
唤起情感 （AR）	放松/兴奋
	平静/激动
	无趣/有趣
投票赞同行为 （AP）	我认为在线评论是有帮助的，我会投票
	我认为在线评论提供的信息满足了我的需要，我会投票
	我认为在线评论使决策变得更加容易，我会投票
问答行为 （QA）	在线评论是有帮助的，但我还会通过问答平台询问详细的信息
	在线评论满足了我的需要，但我还会通过问答平台询问详细的信息
	在线评论使决策变得更加容易，但我还会通过问答平台询问详细的信息

表5-2 调查样本人口统计学特征

变量	类别	频数	占比（%）
性别	男	157	40.57
	女	230	59.43
教育水平	初中及以下	53	13.70
	高中/中专	105	27.13
	大学及以上学历	229	59.17

续表5-2

变量	类别	频数	占比（%）
年龄	20岁以下	31	8.01
	20~39岁	262	67.7
	40~59岁	85	21.96
	60岁以上	9	2.33

5.3.2 研究方法

结构方程模型（Structural Equation Model，SEM）是一种涵盖因素分析和路径分析等多种统计技术的多变量统计方法。这种统计方法的因果模型必须依据一种或多种理论基础，因此是一种验证性的分析方法。并且结构方程模型可以实现对观察变量、潜在变量、测量误差、多个因变量和整体模型适配度评价的同步处理，使测量和分析环节同时进行（吴明隆，2010）。SEM重视变量协方差指标的使用，用以观察变量间的关联状况和检验研究模型与实际数据间的差异。协方差指标在SEM分析中的运用在另一方面也对样本大小提出了要求，即样本数量越大对SEM分析的效果越佳，一般SEM的样本数量在200个以上可以实现模型参数估计稳定。结构方程模型由测量模型和结构模型等两个部分构成，其中测量模型必须遵守多元指标原则，一个潜在变量对应的观察变量数量保持在三个或四个最佳。而结构模型是对多个潜在变量的相互影响关系进行解释。

对结构方程模型进行分析的统计软件主要有AMOS、LISERL和SmartPLS等三种，其优缺点比较分析见表5-3。王念新、葛世伦、王智宁等（2013）基于对TAM模型的研究认为在实证分析时应使用反映式测量模型，可以保证模型的外部效度较好和具有较好的稳定性。对比AMOS和LISERL两种统计软件的使用情况，AMOS软件的操作和应用被广大研究者接受。其主要优点体现在：一是AMOS软件为研究者常用的SPSS系列中的一种工具，易被用户采纳。二是AMOS软件在操作和数据分析等方面更为容易，可视化操作水平较高，在保证精准测量的前提下可以节约学习成本。三是结合研究变量、数据特点等要求对AMOS软件的功能进行综合分析，AMOS软件可以满足数据处理需求。

表5-3 结构方程模型软件对比分析

统计软件	AMOS	LISREL	SmartPLS
估计方法	基于协方差矩阵的分析软件		基于PLS的成分分析软件
优势	可视化操作比LISREL强	功能强大，可提供多层次分析模型等	适用于模型庞大、小样本量和非正态分布数据

续表5-3

统计软件	AMOS	LISREL	SmartPLS
缺点	相对LISREL软件无法提供多层次分析模型和同质性检验等	可视化操作比AMOS弱	缺少整体模型拟合的评价指标
适用模型	反映式测量模型 (潜变量的变化会引起指标的变化)		构成式测量模型(指标的变化会引起潜变量的变化)

5.4 形成机理的实证检验

5.4.1 测量模型分析

测量模型的模型适配情况见表5-4。各项拟合度指标都较好地符合参考值的标准，说明测量模型的整体拟合程度较好（$CMIN/DF=1.165$；$CFI=0.995$；$RMSEA=0.021$；$GFI=0.948$；$AGFI=0.930$；$NFI=0.968$；$IFI=0.995$）。

表5-4 模型拟合指标

指标	$CMIN/DF$	CFI	$RMSEA$	GFI	$AGFI$	NFI	IFI
参考值	<5.00	>0.95	<0.10	>0.90	>0.90	>0.90	>0.90
结果	1.165	0.995	0.021	0.948	0.930	0.968	0.995

注：$CMIN/DF$代表卡方值/自由度、CFI代表比较拟合指数、$RMSEA$代表渐进均方根差、GFI代表拟合良好性指标、$AGFI$代表调整拟合良好性指标、NFI代表常规拟合指标、IFI代表绝对拟合指标，后不再出注。

本书从结构效度、收敛效度和区分效度等三方面对测量结果的正确性进行分析。基于Spss 21.0软件获得的样本KMO值为0.876，且显著性水平为0.000，说明本书量表具有较好的结构效度。在收敛效度方面，各个潜在变量的观察变量因子载荷均大于0.7，各个潜在变量的平均提取方差（AVE）都超过0.7，表示量表具有较好的收敛效度（见表5-5和表5-6）。在区分效度方面，表5-7中各变量对角线上的平均提取方差（AVE）的平方根均大于两个变量间的相关系数，说明该量表的区分效度较好。

信度分析旨在检查测量结果可靠性，本书中复合信度值（CR）和克隆巴赫α系数（$Cronbach'\alpha$）均大于0.7（见表5-6），表明本书量表信度水平较好。基于对信度和效度的综合分析，该测量模型满足数据分析要求。

表 5-5　旋转后的因子载荷矩阵

因子负载	1	2	3	4	5	6	7	8
IQ1	0.886							
IQ2	0.873							
IQ3	0.868							
PS1		0.887						
PS2		0.879						
PS3		0.874						
DST1			0.914					
DST2			0.901					
DST3			0.885					
RS1				0.908				
RS2				0.904				
RS3				0.897				
PL1					0.837			
PL2					0.810			
PL3					0.800			
AR1						0.852		
AR2						0.828		
AR3						0.817		
AP1							0.903	
AP2							0.900	
AP3							0.898	
QA1								0.884
QA2								0.878
QA3								0.792

表 5-6　质量评价标准

变量	CR	AVE	Cronbach'α
RS	0.957	0.882	0.957
AP	0.937	0.831	0.937
PS	0.917	0.786	0.916
DST	0.918	0.788	0.915

续表5-6

变量	CR	AVE	Cronbach'α
IQ	0.915	0.783	0.915
QA	0.893	0.737	0.887
AR	0.928	0.812	0.928
PL	0.899	0.748	0.896

表5-7 相关系数矩阵和平均提取方差（AVE）的平方根

变量	RS	AP	PS	DST	IQ	QA	AR	PL
RS	**0.939**							
AP	0.289***	**0.912**						
PS	0.200***	0.317***	**0.886**					
DST	0.095	0.235***	0.304***	**0.888**				
IQ	0.285***	0.243***	0.371***	0.313***	**0.885**			
QA	0.260***	0.358***	0.255***	0.237***	0.363***	**0.858**		
AR	0.431***	0.386***	0.474***	0.275***	0.475***	0.486***	**0.901**	
PL	0.599***	0.390***	0.357***	0.288***	0.335***	0.388***	0.511***	**0.865**

其中，*** 表示 $p<0.001$，** 表示 $p<0.01$，* 表示 $p<0.05$。

5.4.2 结构模型分析

利用 AMOS 23.0 检验结构模型对数据的拟合程度，结果表明结构模型与数据模拟效果较好（$CMIN/DF=4.710$；$CFI=0.947$；$RMSEA=0.098$；$GFI=0.969$；$AGFI=0.889$；$NFI=0.936$；$IFI=0.949$），模型拟合指标的参考值和研究结果见表5-8，概念模型检验结果如图5-3所示。除决策支持工具对情感信任的路径系数不显著外，其余变量的路径系数均显著，说明只有决策支持工具对情感信任的研究假设不成立，假设检验结果见表5-9。

表5-8 模型拟合指标

指标	CMIN/DF	CFI	RMSEA	GFI	AGFI	NFI	IFI
参考值	<5.00	>0.95	<0.10	>0.90	>0.90	>0.90	>0.90
结果	4.710	0.947	0.098	0.969	0.889	0.936	0.949

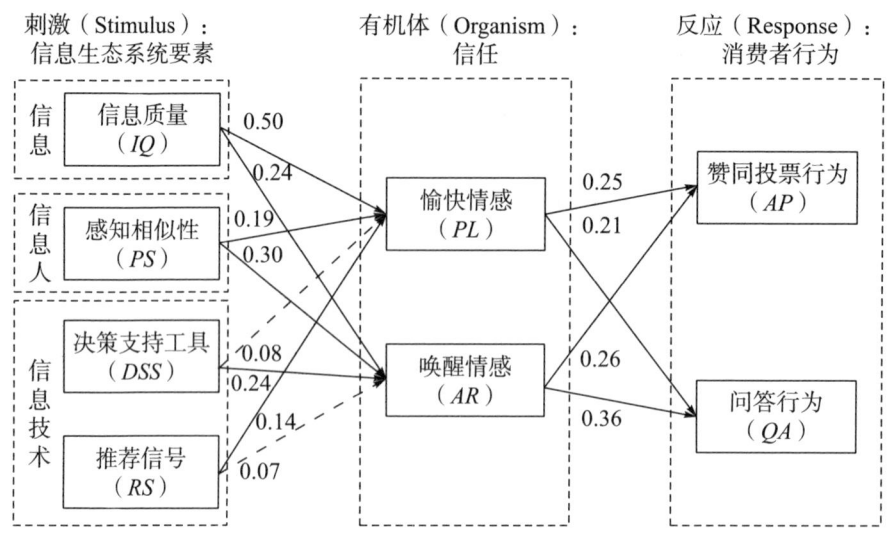

图 5-3 概念模型检验结果

表 5-9 假设检验结果

序号	假设关系	标准化路径系数	p 值	结论
假设 5-1	信息质量对消费者愉快情感具有积极作用	0.50	***	成立
假设 5-2	信息质量对消费者唤起情感具有积极作用	0.24	***	成立
假设 5-3	感知相似性对消费者愉快情感具有积极作用	0.19	***	成立
假设 5-4	感知相似性对消费者唤起情感具有积极作用	0.30	***	成立
假设 5-5	推荐信号对消费者愉快情感具有积极作用	0.14	***	成立
假设 5-6	推荐信号对消费者唤起情感具有积极作用	0.07	0.100	不成立
假设 5-7	决策支持工具对消费者愉快情感具有积极作用	0.08	0.059	不成立
假设 5-8	决策支持工具对消费者唤起情感具有积极作用	0.24	***	成立
假设 5-9	消费者愉快情感对在线评论赞同投票行为具有积极作用	0.25	***	成立
假设 5-10	消费者愉快情感对在线评论问答行为具有积极作用	0.21	***	成立
假设 5-11	消费者唤起情感对在线评论赞同投票行为具有积极作用	0.26	***	成立
假设 5-12	消费者唤起情感对在线评论问答行为具有积极作用	0.36	***	成立

注：*** 表示 $p<0.001$，** 表示 $p<0.01$，* 表示 $p<0.05$。

5.5 形成机理的检验结果讨论

基于信息采纳模型、SOR 模型、信息生态系统理论和情感测量模型等相关理论，笔者对消费者感知在线评论有用性的情感机制进行了分析，主要研究发现如下：

1. 在线评论信息质量是影响消费者情感的重要因素

已有文献基于高质量信息内容的可信度、客观性、相关性、完整性和易理解性等属性特征进行分析，而本书强调高质量在线评论信息内容主要表现在知识特征方面的优势。知识密度和知识宽度越大，表明在线评论向消费者提供了越详细的信息描述，越能满足消费者的信息需求。知识粘性越低，越有助于消费者对信息内容的完整理解。因此，从信息内容中获取有关产品或服务的多维有价值的信息内容和较好的阅读体验可以提高消费者快乐和满足等积极愉快的情感。唤起情感是评论内容引发消费者兴趣和兴奋等方面的情感表现，对比信息质量对消费者愉快情感的作用强度，唤起情感的作用效果较低，但相比其他因素对消费者唤起情感的影响，高质量的评论内容更能引发消费者的兴趣和关注。

2. 感知相似性对消费者唤起情感具有显著的正向影响

感知相似性体现了在线评论信息发送者和在线评论信息接收者二者之间在态度、产品偏好和价值观等多方面共有的相近特征。这些特征在潜在消费者浏览在线评论时拉近了其与评论内容发送者之间的距离，通过更多的信任和情感依恋减少了关系中潜在的冲突，与异质个体相比，更可以激发相似消费者的阅读兴趣。这证明了相似性对消费者情感的积极影响。本书又深入挖掘相似性对积极情感的作用差异，发现感知相似性对消费者唤起情感的作用效果明显高于其对愉快情感的影响程度。

3. 信息技术对消费者情感的影响存在差异

在线评论社区中主要包括以摘要为代表的决策支持工具和以认证和加精为代表的推荐信号。推荐信号对消费者愉快情感具有显著的积极作用，而决策支持工具对消费者唤起情感具有显著效用且对情感的作用效果更强，可能的原因是在线评论平台生成的推荐信号是基于整体指标的考虑。以酒店为例，评论内容要对酒店硬件设施、酒店餐饮、周边环境和交通等多方面内容进行呈现，即对产品或服务有完整的描述，满足了消费者的信息需求，因而消费者对其他相关信息内容的期待和兴奋程度可能降低。而决策支持工具可以筛选出具有消费者信息偏好的内容，更可能激发消费者的浏览兴趣，因此决策支持工具对消费者唤起情感的作用效果显著。对比分析决策支持工具和推荐信号对情感的作用，可以发现消费者在信息搜索的过程中会参考推荐信号的内容，但更多关注自身所重视的信息内容和信息检索方式。

4. 情感是消费者参与在线评论社群活动的重要影响因素

本书从信息生态系统要素角度分析了其对消费者情感的影响，愉快情感和唤起情感对消费者参与在线评论赞同投票行为和问答行为具有显著的正向影响。其中，愉快情感对消费者赞同投票行为和问答行为等社群参与行为具有较强的作用且作用强度相近。较之愉快情感，唤起情感对消费者社群参与行为的正向影响更为显著。这与Ladhari（2007）的研究结果相一致，唤起情感具有更强的放大效应，会引起消费者强烈的情感反应，因此更倾向于对他人表达其消费体验，而具有愉快情感的消费者仅有少部分会将这种积极情感向其他消费者进行传达。

笔者的研究完善了在线评论平台消费者情感心理和行为分析，同时对消费者参与在线评论社区行为具有以下现实意义。首先，重视在线评论信息质量。在线评论信息内容会对潜在消费者的愉快情感和唤起情感产生深刻影响，进而引起相应行为反应，因此，作为在线评论的管理者，平台应采取积极可行的办法鼓励消费者发表高质量的信息内容。其次，综合分析感知相似性、消费者唤起情感和问答行为可以发现，在线评论信息发送者和接收者之间在态度、语言风格等方面的相似能够减少消费者之间潜在的信息冲突，增加信任倾向，引发消费者的浏览兴趣和后续问答行为的发生。目前感知相似性的建立发生于信息人之间通过信息搜索进行匹配，如何通过信息技术和平台数据实现信息人之间的有效对接对于降低消费者的搜索成本和认知成本具有重要意义。最后，强化信息技术对在线评论社区的支持。决策支持工具和推荐信号分别对消费者唤起情感和愉快情感产生显著的影响，但对另一种情感的作用效果并不显著。因此，提升信息技术水平对强化消费者情感和鼓励消费者积极参与在线评论社群行为具有重要帮助。

5.6 本章小结

基于SOR模型、愉快情感-唤起情感模型和对信息生态系统要素的分析，以信息质量、感知相似性、决策支持工具和推荐信号作为刺激因素，愉快情感和唤起情感作为有机体的情感心理，在线评论赞同投票行为和问答行为作为衡量在线评论有用性的社群参与行为构建概念模型，利用结构方程模型和问卷调查数据进行实证研究，结果表明信息质量对消费者情感的作用效果最强，而感知相似性对消费者唤起情感具有显著影响，决策支持工具和推荐信号对消费者愉快情感和唤起情感的影响存在差异。

第6章 消费者感知在线评论有用性的信任心理及行为反应分析

在线评论对消费者进行购买决策和向他人进行推荐具有重要的参考价值，而信任是影响消费者购买行为的重要心理因素。因此，笔者以医疗信任型商品的在线评论作为研究对象，从在线评论信息内容、信息人和信息技术三方面分析其对消费者行为的信任心理机制的影响，还分析了在线评论对消费者认知信任和情感信任的影响，以及认知信任和情感信任之间的作用关系和作用方向及其反作用于消费者购买意愿和推荐意愿的影响。

6.1 信任路径下消费者感知在线评论有用性的概念模型

6.1.1 消费者感知在线评论有用性信任心理及行为反应问题描述

春雨医生、平安好医生、好大夫等众多在线医疗健康服务平台已成为健康人群和病患人群获取医疗服务的主要渠道之一。但医疗信任型商品同体验型商品一样，相对于信息搜索型商品其信息不对称性的特征更明显，因此消费者需要获取更多关于医疗信任型商品的信息支持其购买决策。而在线评论是消费者进行购买决策的主要依据，通过对选择该医生就诊的理由进行统计发现，网上评价是消费者进行判断的主要依据，因此分析在线评论对信任型商品消费者行为的影响机制具有重要意义。

信任是网络交易的基础。尽管网络用户认为在线交易存在风险，但电子商务的快速发展和被广泛接受，证明其不仅取决于为用户带来巨大的收益，更在于消费者对在线交易行为、在线交易技术和对其他交易参与方的信任。因此，基于信任理论的分析，消费者对在线评论的信任是影响其后续行为的主要因素。本书以信任作为消费者行为的主要认知心理，深入探究在线评论对消费者信任的影响机制及其反作用于消费者行为的效果。罗汉洋、李智妮、林旭东等（2019）主要从评论特征、网站特征和消费者特征等方面分析网络口碑如何通过认知信任和情感信任的中介作用影响消费者的购买行为，其对网络口碑的影响过程和作用机制进行了深入分析，但还存在以下问题。首先，没有探讨认知信任和情感信任之间的作用关系。根据效应层级模型，消费者的决策过程会经历从认知到情感再到意动的过程，因此探讨消费者认知信任和情感信任的内在关系对于完善消费者对在线评论信任变化的内在机理具有重要意义。其次，网络口碑影响机制的作用结果主要关注对消费者购买行为的影响，除网上评价外，熟人推荐是消费者选择该医生就诊的关键因素，因此网络口碑的影响机制除影响消费者自身的购买决策行为外，还会影响推荐行为的发生。再次，对网络口碑影响机制的相关研究很少对信任型商品进行研究，主要是对搜索型和体验型商品在线评论的影响机制进行研究。最后，随着大数据等技术在网络购物环境的应用，消费者越来越会感知信息技术在在线评论平台中发挥的重要作用，在线评论信息内容、信息人和信息技术环境等因素会成为网络口碑下影响消费者行为的重要因素。

本书基于信息生态系统理论，以信息内容、信息人和信息技术作为刺激要素（Stimulus），分析其对消费者认知信任和情感信任的影响（Organism），以及认知信任和情感信任之间的关系，最后分析信任对消费者行为（Response）的作用。

6.1.2 信任心理及其行为反应的概念模型构建

网络购物环境下，消费者对不同类型产品的信任存在差异。以高度信息不对称为特征的专业服务关系中，信任是一种重要的关系特征（Howden, Pressey, 2008）。因此，消费者感知信任型商品在线评论有用性的影响机制主要是分析在线评论作为刺激因素如何通过信任影响消费者的个体行为。本书基于 SOR 模型将信息生态系统要素作为刺激因素，分析医疗信任型商品在线评论信息内容、信息人和信息环境要素对消费者认知信任和情感信任的影响，及其对消费者购买行为和推荐行为的作用机制，概念模型（2）如图 6-1 所示。

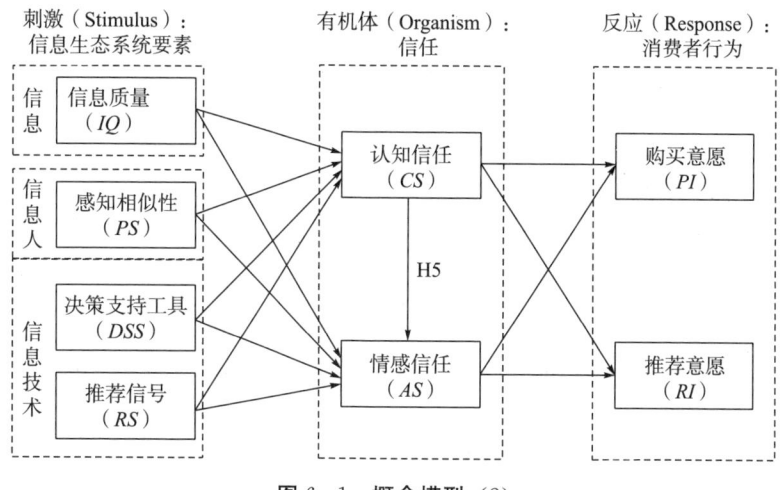

图 6-1 概念模型（2）

6.2 与消费者信任心理相关的研究假设

6.2.1 与认知信任相关的研究假设

1. 刺激因素与消费者认知信任

具体从信息内容特征、信息人特征和信息技术等方面分析刺激因素与消费者认知信任之间的关系。

(1) 信息质量与消费者认知信任。

信息质量包括可理解性、专业性、可靠性等维度，具有高质量的评论信息可以提高消费者对评论信息的理解，同样，专业的知识建议可以提高消费者的自信。Chakraborty、Bhat（2018）认为消费者对在线评论信息质量是非常重视的，会对其实用性和真实性进行评价，评论内容中蕴含的逻辑依据会使评论更加可靠。Chen、De Tseng（2011）构建了九维信息质量框架，其中可信度（Believability）、客观性（Objectivity）、相关性（Relevancy）、及时性（Timeliness）、完整性（Completeness）、适当的信息量（Appropriate Amount of Information）、易理解性（Ease of Understanding）、简洁的表示（Concise Representation）等八个维度可以客观地对评论内容特征进行描述，促进消费者对评论内容的认知信任。

(2) 感知相似性与消费者认知信任。

感知相似性是指消费者在某些特征上的相似，包括人口统计学特征、偏好特征、兴趣特征和心理特征等。社会同质性理论认为个体倾向于与自己相似的人交往。Shen、Zhang、Zhao（2016）讨论了背景相似性与态度相似性对消费者在线评论信息采纳的从众效应，消费者相似的价值观使他们更倾向于相信对方。感知相似的能力和正直的品行可以增强消费者对医疗信任型商品的理性认知，从而提高其认知信任。Chu、Kim（2011）在分析消费者参与社交网站口碑营销行为的过程中发现相似性在感知可信度和劝说效果方面起到重要作用。Kim、Kandampully、Bilgihan（2018）等在判断来源可信度的社会因素和关系因素时认为应该考虑关系的相似性（同质性）因素，关系密切的群体产生的信息更可信。

(3) 推荐信号与消费者认知信任。

网站推荐信号是指网站基于在线评论等指标对医疗信任型商品进行综合评

价。在线医疗网站会根据医生提供线上服务数量、回复的及时性、患者满意度、在线评论及患者对服务质量的认可与信赖程度（感谢信、礼物数）等指标评价出近两年大夫的推荐热度和年度荣誉称号。网站推荐信号是第三方平台对网购信息安全的保证，消费者会在此基础上产生基于制度的信任。基于制度的信任是更为理性的信任方式。因此，无论是基于消费者的推荐信号还是源于网站的推荐信号，推荐信号的应用有助于减少消费者的信息搜索成本、缩小产品考虑集的信息数量和降低感知不确定性，增加消费者对网站信息的信任。

（4）决策支持工具与消费者认知信任。

决策支持工具是在线购物网站基于互联网交互技术和后台数据系统，提供能帮助消费者整合和比较产品信息的系统，主要包括搜索、排序、产品比较矩阵和评论标签摘要等常用工具，其中评论标签摘要是在线医疗商品评论中常用的决策支持工具。评论标签摘要按照产品属性或服务体验对评论信息进行聚类和定义，可以简要说明评论内容和评论数量，这有助于消费者从总体上对在线评论信息内容进行了解。

（5）认知信任与情感信任。

认知信任和情感信任具有非平行关系。情感信任的形成源于人际交互过程中个性特征、感官线索和体验的影响，在情感关系产生之前，交换伙伴的可靠性和能力必须得到证实（Massey，Wang，Kyngdon，2019）。Roy、Balaji、Soutar等（2018）认为情感信任水平高于认知信任水平。认知信任是情感信任的基础。Shim、Kim、Altmann（2016）分析了消费者行为的发生过程，他们认为消费者行为过程依次经历了认知阶段、情感阶段和行为阶段，消费者基于购买环境中获得的信息形成信念，又基于对信念的评估产生情感反应，最后转化为行为，即"认知－情感－行为"的效应层级模型。Chou、Hsu、Shiau等（2018）分析信念、认知、情感和行为意愿的关系，发现信念是认知信任的驱动因素，而认知信任反过来又影响情感信任和随后的行为意愿。社交网站成员关系的相关研究中也表明认知信任影响情感信任的形成（Chih，Hsu，Liou，2017），行为调整往往根植于认知评估，导致信任和非正式心理契约的增长，而最终正式契约逐渐被情感依恋取代，即认知信任向情感信任的转变（Akrout，Diallo，2017）。

基于此，提出如下假设：

假设6-1：信息质量对消费者认知信任具有积极作用。

假设6-2：感知相似性对消费者认知信任具有积极作用。

假设6-3：推荐信号对消费者认知信任具有积极作用。

假设6-4：决策支持工具对消费者认知信任具有积极作用。

假设6-5：认知信任对情感信任具有积极作用。

2. 认知信任与消费者行为

移动商务环境下机会主义行为的存在使信任心理成为影响消费者行为的重要因素。消费者认知信任是建立在对评论者能力、正直和对评论内容有用性和可靠性的基础上的，可以减少对评论内容的感知不确定性和感知风险。陈琳、田晓明、段锦云（2019）对建议采纳的认知机制进行分析，发现信任对个体建议采纳行为具有中介作用。

基于此，提出如下假设：

假设6-6：认知信任对购买行为具有积极作用。

假设6-7：认知信任对推荐行为具有积极作用。

6.2.2 与情感信任相关的研究假设

1. 刺激因素与消费者情感信任

具体从信息内容、信息人和信息技术等方面分析刺激因素与消费者情感信任之间的关系。

（1）信息质量与消费者情感信任。

名誉度可以反映评论者被消费者重视的程度，名誉度较高的评论者发布的信息更能使消费者感觉到安全和舒适。此外，在线评论信息内容的质量可以用评论内容中知识粘性进行描述，知识粘性越低则在线评论信息内容的可读性越高，消费者阅读评论内容时感知的舒适性因而提高。

（2）感知相似性与消费者情感信任。

熟悉性可以减少信息不确定性，建立更紧密的社会联系。Racherla、Mandviwalla、Connolly（2012）认为发送方和接收方之间的相似性可以作为后者对产品或服务感兴趣的线索，增强消费者对口碑内容的自信。因此，感知相似性有助于消费者对医疗信任型商品形成一种积极的安全感和舒适感。

（3）推荐信号与消费者情感信任。

推荐信号是为消费者提供潜在有价值的或消费者感兴趣的产品的标识或信号。在线医疗信息环境下推荐信号主要包括两种：一种是来源于消费者的推荐信号，另一种是源自网站的推荐信号。以在线医疗网站为例，"选择该医生就诊的理由为熟人推荐"是一种源于消费者的推荐信号，熟人推荐反映了推荐人和被推荐人之间亲密的关系程度。董颖、许正良、刘方等（2016）认为信息发送者和接收者之间的亲密关系可以对接收者的认知信任和情感信任产生积极影响。因此，其他消费者基于这种推荐信号也可以感知一定程度的安全性。

(4) 决策支持工具与消费者情感信任。

通过超链接到已分配相同标签的在线资源，消费者更易于查找相关内容。不同于搜索型商品或体验型商品的在线评论信息内容只针对一样商品，在线医疗型商品的评论内容更具有分散性，表现为同一医生可以诊治不同病症，评论内容是涉及多种病症治疗的评价。因而，消费者使用决策支持工具，即评论标签摘要，可以更准确地筛选相关疾病评论信息，减少信息过载导致的信息不确定性和信息干扰，增强在线评论的感知准确性。此外，标签工具也可以表达价值判断，进而影响消费者对信息内容的感知。

基于此，提出如下假设：

假设6-8：信息质量对消费者情感信任具有积极作用。

假设6-9：感知相似性对消费者情感信任具有积极作用。

假设6-10：推荐信号对消费者情感信任具有积极作用。

假设6-11：决策支持工具对消费者情感信任具有积极作用。

2. 情感信任与消费者行为

信息的对称性使消费者完全依靠理性认知进行判断是不合适的，当消费者之间的关系随时间的推移而发展和强化后，情感信任相对于认知信任更加重要。根据层次效应模型和SOR模型的综合分析，消费者的行为意向受认知机制和情感机制的双重影响。陈琳、田晓明、段锦云（2019）对建议采纳的认知机制的分析和朱月龙、张开华、段锦云（2017）对建议采纳的情感机制的分析都认为消费者行为受认知和情感等心理因素的影响。在线评论作为网络口碑的主要形式之一，对内会激发消费者自身的购买行为，对外会促生消费者之间的推荐行为。

基于此，提出如下假设：

假设6-12：情感信任对购买行为具有积极作用。

假设6-13：情感信任对推荐行为具有积极作用。

6.3 数据来源和量表设计

6.3.1 数据来源

信任型商品相比搜索型产品和体验型产品的不同之处在于，即使消费者已经购买或使用了产品，其对产品的质量和性能可能依然无法准确判断，如健康食品、医疗服务、法律服务或保险服务等产品的购买。信任型商品被定义为以高度信息不对称为特征的关系中销售的货物和服务，即使在消费者使用后也无法准确评估商品的性能。因此，销售方比购买方拥有更多相关的知识，如在医疗服务中判断治疗措施是否需要、是否得当均由销售方主导，购买方承担更多不确定性风险。信任型商品主要为各种服务，而多数服务具有无形性、非标准化和不可分性等特征，这些特征反过来促使消费者更加依靠外部不同的线索判断服务的质量，支持购买决策的制定。因此，以信任型商品作为分析在线评论环境下消费者信任心理机制的研究对象是合适的。其中医疗服务是典型的信任型商品，因此本书仅以医疗信任型商品作为问卷调查对象。

利用问卷调查的方法获取相关数据。调查对象均对医疗信任型商品具有一定程度的了解或为有使用经历的个体。采用李克特七级量表对各个指标的测度项进行评价。根据对调查问卷的描述性统计分析发现，最终共获取 372 份有效样本。其中，女性在调查总体中占比较大，接近 60%，而男性占比为 41.94%。教育水平方面，主要为拥有大学及以上学历的人群，占比约 62%。年龄方面，20 岁到 39 岁之间的人群比重较大，占比接近 60%。调查样本人口统计学特征具体见表 6-1。

表 6-1 调查样本人口统计学特征

变量	类别	频数	占比（%）
性别	男	156	41.94%
	女	216	58.06%
教育水平	初中及以下	42	11.29%
	高中/中专	99	26.61%
	大学及以上学历	231	62.10%
年龄	20 岁以下	23	6.18%
	20～39 岁	217	58.33%
	40～59 岁	108	29.03%
	60 岁以上	24	6.45%

6.3.2 变量定义和测量

信息质量（IQ）测量题项涉及以前文从知识特征视角分析的知识密度等信息质量评价指标作为构建基础。感知相似性（PS）的测量量表来自 Fan、Lederman（2018）的研究。决策支持工具（DST）和推荐信号（RS）采用范晓屏、卢艳峰、韩红叶（2016）测项。认知信任（CS）和情感信任（AS）根据 Johnson、Grayson（2005）所提出的量表进行修改。购买意愿（PI）以 Yang、Sarathy、Lee（2016）等的研究为基础进行调整和设计。推荐行为（RI）的测项引入

Loureiro（2014）的研究并进行修改。基于已有研究文献构建本书的量表（见表6-2）。

表6-2　量表构造及来源

变量	测量题项
信息质量 （IQ）	我认为评论内容可以满足我的需求
	我认为评论内容对产品各个特征有详细的描述
	我认为评论内容是完整的和易于理解的
感知相似性 （PS）	我和发评者有相似的观点
	我和发评者有相似的态度
	我和发评者有相似的语言风格
决策支持工具 （DST）	我认为在线评论决策支持工具对了解在线医疗服务是有帮助的
	我会经常使用在线评论决策支持工具
	我认为在线评论决策支持工具有益于更好了解在线医疗服务水平
推荐信号 （RS）	我会参考系统推荐信号
	我认为推荐评价准确
	我认为推荐权重设置合理，考虑多方面因素
认知信任 （CS）	我认为评论者发表的内容是好的
	我认为评论者发表的内容是公正的
	我认为评论者发表的内容是可靠的
情感信任 （AS）	我喜欢读在线医疗服务评论
	我认为在线医疗服务评论是真诚的
	我认为如果我向评论者咨询在线医疗服务的问题会得到很好的回复
购买行为 （PI）	我会考虑购买在线医疗商品
	我很可能购买在线医疗商品
	我购买在线医疗商品的意愿很强
推荐行为 （RI）	我愿意把在线医疗服务推荐给我的朋友
	我愿意把在线医疗服务推荐给我的亲人
	我愿意把在线医疗服务推荐给其他向我询问建议的人

6.4 形成机理的实证检验

6.4.1 测量模型分析

测量模型的模型适配情况见表6-3。各项拟合度指标都较好的符合参考值的标准，说明测量模型的整体拟合程度较好（$CMIN/DF=1.239$；$CFI=0.993$；$RMSEA=0.025$；$GFI=0.943$；$AGFI=0.924$；$NFI=0.965$；$IFI=0.993$）。

效度方面，本书利用Spss 21.0计算样本KMO值为0.862，且显著性水平为0.000，这说明量表适合进行因子分析。量表中8个变量所涉及的24个测项的因子载荷均大于0.7，见表6-4，说明本研究量表具有较好的结构效度。在收敛效度方面，除购买意愿（PI）的克隆巴赫系数α值为0.889外，其余变量的克隆巴赫系数α值均大0.9。各个变量的平均提取方差（AVE）都超过0.7，表示量表具有较好的收敛效度，见表6-5。在区分效度方面，表6-6中各变量对角线上的平均提取方差（AVE）的平方根均大于各个变量的相关系数，说明该量表的区分效度较好。

信度方面，复合信度（CR）值在0.894至0.961之间，大于0.7的阈值水平，证明本研究量表的信度水平较好，具体数据见表6-5。因此，基于信度和效度分析结果可以证明，量表中各个变量满足研究要求。

表6-3 模型拟合指标

指标	CMIN/DF	CFI	RMSEA	GFI	AGFI	NFI	IFI
参考值	<5.00	>0.95	<0.10	>0.90	>0.90	>0.90	>0.90
结果	1.239	0.993	0.025	0.943	0.924	0.965	0.993

表6-4 旋转后的因子载荷矩阵

因子负载	1	2	3	4	5	6	7	8
$IQ1$	0.875							
$IQ2$	0.859							
$IQ3$	0.846							
$PS1$		0.885						
$PS2$		0.876						
$PS3$		0.866						

续表6－4

因子负载	1	2	3	4	5	6	7	8
DST1			0.912					
DST2			0.901					
DST3			0.889					
RS1					0.958			
RS2					0.956			
RS3					0.949			
CS1					0.859			
CS2					0.835			
CS3					0.808			
AS1						0.849		
AS2						0.829		
AS3						0.820		
PI1							0.883	
PI2							0.879	
PI3							0.792	
RI1								0.911
RI2								0.906
RI3								0.904

表6－5 质量评价标准

变量	CR	AVE	Cronbach'α
RS	0.961	0.891	0.960
RI	0.936	0.830	0.936
PS	0.919	0.791	0.915
DST	0.920	0.794	0.919
IQ	0.916	0.784	0.915
CS	0.913	0.778	0.912
AS	0.931	0.819	0.931
PI	0.894	0.740	0.889

表6-6 相关系数矩阵和平均提取方差（AVE）的平方根

变量	RS	RI	PS	DST	IQ	CS	AS	PI
RS	**0.944**							
RI	−0.001	**0.911**						
PS	−0.111*	0.302***	**0.889**					
DST	−0.141*	0.209***	0.307***	**0.891**				
IQ	−0.206***	0.215***	0.372***	0.326***	**0.885**			
CS	0.008	0.378***	0.454***	0.322***	0.494***	**0.882**		
AS	0.089	0.350***	0.486***	0.275***	0.491***	0.587***	**0.905**	
PI	0.050	0.377***	0.259***	0.239***	0.367***	0.394***	0.500***	**0.860**

注：*** 表示 $p<0.001$，** 表示 $p<0.01$，* 表示 $p<0.05$。

6.4.2 结构模型分析

利用AMOS 23.0检验结构模型对数据的拟合程度，结果表明结构模型与数据拟合程度较好（$CMIN/DF=3.759$；$CFI=0.960$；$RMSEA=0.086$；$GFI=0.978$；$AGFI=0.912$；$NFI=0.948$；$IFI=0.961$），模型拟合指标的参考值和本研究结果见表6-7，假设检验结果见表6-8。除决策支持工具对情感信任的路径系数不显著外，其余变量的路径系数均显著，说明只有决策支持工具对情感信任的研究假设不成立。概念模型检验结果如图6-2所示。

表6-7 模型拟合指标

指标	CMIN/DF	CFI	RMSEA	GFI	AGFI	NFI	IFI
参考值	<5.00	>0.95	<0.10	>0.90	>0.90	>0.90	>0.90
结果	3.759	0.960	0.086	0.978	0.912	0.948	0.961

表6-8 假设检验结果

序号	假设关系	标准化路径系数	p值	结论
假设6-1	信息质量对消费者认知信任具有积极作用	0.35	***	成立
假设6-2	信息质量对消费者情感信任具有积极作用	0.24	***	成立
假设6-3	感知相似性对消费者认知信任具有积极作用	0.28	***	成立
假设6-4	感知相似性对消费者情感信任具有积极作用	0.24	***	成立
假设6-5	决策支持工具对消费者认知信任具有积极作用	0.13	**	成立

续表6-8

序号	假设关系	标准化路径系数	p值	结论
假设6-6	决策支持工具对消费者情感信任具有积极作用	0.03	0.436	不成立
假设6-7	推荐信号对消费者认知信任具有积极作用	0.12	***	成立
假设6-8	推荐信号对消费者情感信任具有积极作用	0.16	**	成立
假设6-9	认知信任对情感信任具有积极作用	0.33	***	成立
假设6-10	认知信任对购买行为具有积极作用	0.19	**	成立
假设6-11	认知信任对推荐行为具有积极作用	0.25	***	成立
假设6-12	情感信任对购买行为具有积极作用	0.36	***	成立
假设6-13	情感信任对推荐行为具有积极作用	0.19	**	成立

注：*** 表示 $p<0.001$，** 表示 $p<0.01$，* 表示 $p<0.05$。

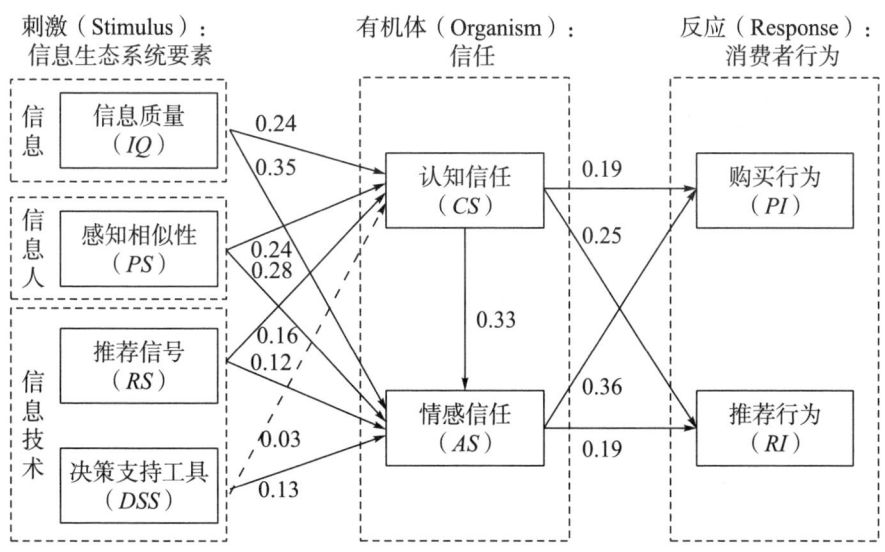

图6-2 概念模型检验结果

6.4.3 中介作用分析

本书基于结构模型相关路径的直接效应和间接效应检验认知信任和情感信任可能存在的中介作用，分析结果见表6-9。信息质量等四个变量不仅直接作用于情感信任，还分别通过认知信任间接作用于情感信任。除决策支持工具对情感信任的路径系数不显著外，信息质量、感知相似性和推荐信号对情感信任直接效应的系数都显著，说明认知信任对决策支持工具与情感信任关系的完全中介效应成立，而在信息质量、感知相似性和推荐信号与情感信任关系中起到部分中介效应的作用。情感信任中介效应的检验中，认知信任、情感信任与购买行为和推荐行为之间的路径系数均显著，说明情感信任在认知信任与消费者行为之间具有部分中介效应作用。

表6-9 认知信任和情感信任的中介作用

项目	自变量	因变量	总效应	直接效应	间接效应
认知信任的中介作用	信息质量	情感信任	0.356	0.24***	0.116
	感知相似性		0.332	0.24***	0.092
	推荐信号		0.200	0.16**	0.040
	决策支持工具		0.040	0.03	0.010
认知信任的中介作用	信息质量	认知信任	0.350	0.35***	0.000
	感知相似性		0.280	0.28***	0.000
	推荐信号		0.120	0.12***	0.000
	决策支持工具		0.130	0.13**	0.000
	认知信任	情感信任	0.330	0.33***	0.000
情感信任的中介作用	认知信任	购买意愿	0.309	0.19**	0.119
		推荐意愿	0.313	0.25***	0.063
	认知信任	情感信任	0.330	0.33***	0.000
	情感信任	购买意愿	0.360	0.36***	0.000
		推荐意愿	0.190	0.19**	0.000

注：*** 表示 $p<0.001$，** 表示 $p<0.01$，* 表示 $p<0.05$。

6.5 形成机理检验结果讨论

1. 认知信任在决策支持工具与情感信任之间起完全中介作用

研究结果表明决策支持工具不能直接对消费者的情感信任产生影响。一种可能的解释是因为决策支持工具是一种客观的辅助性工具，其信息传递过程是由在线评论平台向消费者进行单方面的输出，不具有社会交互功能，因此无法产生情感信任。而认知信任是消费者对决策支持工具能力的肯定，因此，决策支持工具对情感信任的积极影响需要认知信任起中介作用。

2. 情感信任在认知信任和消费者行为之间起部分中介作用

该研究说明认知信任和情感信任对消费者行为均具有显著影响,这与张洪、鲁耀斌、闫艳玲(2017)等研究社会化购物社区技术特征对购买意向的影响的结论相一致,认为信任是电子商务成功的关键因素。同时也证实了认知信任对情感信任的影响,基于对在线评论信息内容、信任人和信息技术能力的信任,可以令消费者建立情感信任,更好地促进消费者医疗信任型商品的购买行为和推荐行为。

3. 医疗信任商品在线评论信息质量对消费者认知信任和情感信任的作用效果最显著

根据已有研究对信息质量维度的分析,如 Chen、De Tseng(2011)构建的九维信息质量框架,其中多数维度是对在线评论信息内容客观的评价,消费者从中获取的是购买决策的证据信息。因此,消费者对信息质量的感知更多会引发认知信任。由于高质量信息会降低消费者感知不确定性,提高对在线信任型商品的安全意识,因此会引发消费者的情感信任。

6.6 本章小结

笔者基于信任理论、SOR 模型和信息生态系统理论,采用问卷调查的方法探索了在线评论对消费者行为的信任心理机制。研究结果表明,在线评论信息内容、信息人特征和信息技术对消费者认知信任和情感信任的影响存在差异。其中,信息质量对消费者信任的作用效果最为显著,尤其是对认知信任。认知信任在感知相似性和情感信任之间起部分中介作用。相对于认知信任,消费者的情感信任受推荐信号的影响更显著。决策支持工具对消费者认知信任具有显著的影响,但对情感信任效果不显著。情感信任对消费者购买意愿的效果更积极,而认知信任则会积极影响消费者的推荐意愿。同时证明了认知信任和情感信任的非平行关系,认知信任对情感信任具有显著积极的关系。本书将信息技术纳入在线评论对消费者行为的认知心理机制的相关研究中,细分信任的类别及其之间的关系,对未来向消费者提供有用的在线评论信息内容和提高在线评论平台的管理具有重要意义。

第7章 基于消费者感知的在线评论有用性评价研究

基于对消费者感知过程的分析，同时考虑信息接收者和信息发送者两方面的因素，笔者提出基于消费者感知过程的在线评论有用性评价方法。利用 DEA 模型对相关数据进行实证研究，并对研究结论进行讨论和分析，为在线评论平台管理者制定优化策略提供扎实依据。

7.1 基于消费者感知的在线评论有用性评价目的和思路

7.1.1 在线评论有用性评价目的

基于消费者感知过程对在线评论有用性进行评价主要包含以下几个目的。

1. 了解在线评论对消费者决策支持的辅助效果

设置在线评论平台的主要目标是为消费者决策提供信息支持。通过对在线评论有用性进行评价，可以明确在线评论平台服务的效果，从而为制定可以提升在线评论平台运行效果和在线评论信息质量的改进策略提供理论依据。

2. 提升消费者感知在线评论有用性的水平

基于消费者感知过程对在线评论有用性进行评价，综合考虑了在线评论信息发送者和在线评论接收者两方面的因素对消费者感知在线评论有用性的影响。根据在线评论有用性的评价结果，可以发现现有在线评论平台中消费者感知在线评论有用性的研究中关键因素存在不足，通过改善不利因素和制定优化策略可以提升消费者感知在线评论有用性的水平。

3. 促进在线评论平台的可持续发展

现有研究对消费者感知在线评论有用性进行评价的主要目的是为消费者筛选出高质量的在线评论信息内容，而忽略通过在线评论有用性评价提升平台的可持续发展。本书基于消费者感知过程对在线评论有用性进行评价，对于完善在线评论的服务与功能和提升平台的整体运行质量具有重要意义。

7.1.2 在线评论有用性评价思路

为了解和提高消费者感知在线评论有用性的程度，基于上文消费者感知在线评论有用性形成的刺激因素、情感心理和信任心理及其行为反应，判断影响消费者感知在线评论有用性的关键因素，结合在线评论有用性评价体系的构建原则，以其作为指标选取的标准，选择合适的指标构建在线评论有用性评价指标体系。本书选择了合适的评价方法并对评价方法适用性进行说明，并通过实证进行检验和分析。

7.2 在线评论有用性评价指标体系构建

7.2.1 评价指标体系构建原则

在线评论有用性评价的目的是为消费者提供高质量的在线评论信息内容和促进平台的可持续发展。对在线评论有用性进行评价时所建立的指标体系将直接影响最终的研究结果。为了保证评价结果的准确性与合理性，在选取在线有用性评价指标时应遵守以下原则。

1. 科学性原则

科学性原则是构建评价指标体系的过程中最受关注的原则之一，主要体现在指标的选取是否合理、程序是否恰当。这表现为在线评论评价指标的选择是否有理论基础的支撑或实践是否可以反映客观现象。因此，在选取评价指标时，本书在已有研究的基础上，考虑了在线评论平台的实际运行状况，建立在线评论有用性的评价指标体系时贯彻了科学性原则。

2. 可行性原则

可行性原则强调两个方面：一是指标的可量化，二是数据来源的可获取性和准确性。指标的可量化是指选择的指标是可以进行量化处理的数据，不是抽象模糊数据，可以用定量化的方式表示。数据来源的可获取性和准确性是指数据收集后可以对评价指标所涉及的数据进行相应的处理，提取本书中所需的数据内容。同时，在数据处理过程中要保证与指标相关的数据处理口径的一致性，避免不必要的误差。

3. 兼顾确定性原则和独立性原则

确定性原则强调对在线评论有用性的评价指标的概念和内涵进行明确的解释和说明。独立性原则是在确定性原则的基础上对在线评论有用性评价指标之间的关联程度进行更细致的说明,要求在线评论有用性的每一个评价指标都相对独立,避免在内涵和指标计量方面的重叠。

4. 兼顾系统性原则和典型性原则

系统性是指在线评论有用性的评价指标可以从多层面、多维度和多视角进行选择,反映基于消费者感知的在线评论有用性评价的研究思路。在线评论有用性评价指标有很多,本书是基于消费者感知对在线评论有用性进行评价,因此在指标选取时结合本书的研究目的和研究导向,综合考虑适合本研究的具有典型意义的评价指标。

7.2.2 评价指标选取和说明

通过对消费者感知在线评论有用性的情感路径和信任路径进行分析可以发现,在线评论信息质量对消费者情感和信任的影响效果最显著,因此本书以衡量信息质量的三个变量,即知识密度、知识粘度和知识宽度作为投入指标,同时考虑信息来源对在线评论有用性的重要影响和无法对信息技术的投入数据进行准确判断,在遵循在线评论有用性评价指标体系构建原则的前提下,从信息内容特征和信息人特征视角以知识密度、知识宽度、知识粘度和知识距离作为在线评论有用性评价的投入指标。

在线评论有用性评价的产出指标包括消费者参与社群行为和个体行为,考虑数据的可获取性和在线评论赞同投票数作为评价指标被广泛应用于相关研究中这两个因素,因此,本书以在线评论赞同投票数和问答数作为评价在线评论有用性的产出指标。

7.3 在线评论有用性评价方法的选择

7.3.1 DEA 模型

DEA 模型即数据包络分析,是基于运筹学等多门学科交叉研究而提出的评价决策单元相对有效性的一种非参数统计估计方法。DEA 模型被广泛应用于多投入和多产出的经济研究中,并可以从其中挖掘许多具有重大意义的管理信息。DEA 有效则表示此时决策单元的生产前沿面结构是由输入最少和输出最多的最优解所形成的面。DEA 模型这种评价方法在客观性评价、算法计算与处理和结果精确度等方面具有十分强大和独特的优势。首先,客观性表现为数据包络模型是以多目标规划等数学模型对输入数据和输出数据进行计算,其中指标权重采用等权赋值的方式,得到的结果易于被接受和认同。其次,在算法计算和处理方面,输入变量和输出变量指标的计量单位通常情况下具有较大差异,如输入指标或输出指标可能涉及货币单位、数量单位和度量衡单位等多种计量单位,但在使用 DEA 模型时却不用关注量纲的不同,可以直接对数据进行处理。最后,在结果精确度方面,DEA 模型依据数据计算结果对决策单元的有效性进行说明,同时基于松弛变量分析,对输入量和产出量的调整幅度进行回答,明确输入变量和输出变量的变动范围,辅助管理和决策。

数据包络分析的总体研究思路是实现输入指标和输出指标对决策单元的效率评价,因此首先要明确研究目标,在此基础上建立和确定决策单元,再将评价指标体系应用到合适的 DEA 模型之中,对测度结果进行分析,包括效率分析、有效性分析和规模收益分析,并基于松弛变量分析提出改进策略。

其中,CCR 模型和 BCC 模型在 DEA 模型中非常具有代表性。CCR 模型是最早被提出的 DEA 模型,是其他 DEA 模型的研究基础,但不能对技术有效性进行判断,而 BCC 模型弥补了这一缺陷,将总效率分解为技术效率和规模效率。BCC 模型如公式(7-1)所示:

$$\min \theta \\ \text{s.t.} \begin{cases} \sum_{i=1}^{n} X_i \lambda_i \leqslant \theta X_0 \\ \sum_{i=1}^{n} Y_i \lambda_i \geqslant \theta Y_0 \\ \sum_{i=1}^{n} \lambda_i = 1 \\ \lambda_i \geqslant 0 \\ i = 1, 2, \cdots, n \end{cases} \quad (7-1)$$

其中,θ 为决策单元的综合效率值,当 $\theta=1$ 时,决策单元达到有效。当 $\theta<1$ 时,决策单元处于非有效。λ_i 代表第 i 个决策单元的组合比例,n 为决策单元个数。

7.3.2 评价方法适用性说明

1. 与研究内容相适合

消费者感知在线评论有用性的过程涉及输入过程和输出过程，刺激因素通过感受器传入有机体，影响消费者情感和信任等心理状态的变化，有机体又通过效应器输出形成对在线评论的行为反应。基于消费者感知在线评论有用性刺激因素和行为反应阶段的分析，消费者感知在线评论有用性的过程可以被视为一个多投入、多产出的复杂系统，与 DEA 模型以输入数据和输出数据评价决策单元的相对有效性的思路相契合。

2. 与识别决策单元非有效影响因素的目标相适合

已有在线评论有用性评价是在已发表的评论内容的基础上筛选出价值较高的信息，因此在线评论有用性评价方法主要是以评论文本内容为基础进行排序、汇总和分类，而无法从根本上提出改善在线评论信息质量的方法，DEA 模型中的松弛变量分析可以反映各决策单元在各指标上的优化空间，这有助于为在线评论平台管理者或设计者提供在线评论平台改进和优化的方法支持。

3. 与量纲选取相适合

在线评论有用性评价投入和产出指标的量纲存在差异，但以 DEA 模型作为评价方法不会受指标计量单位不同的影响，因此 DEA 模型适用于在线评论有用性评价研究。

7.4　在线评论有用性评价实证结果讨论

基于筛选后的在线评论信息内容，结合对在线评论有用性刺激因素的分析，以 BCC 模型对在线评论知识转移效率及其有效性、规模收益和投入产出冗余进行分析。

7.4.1　数据来源

在线评论是消费者购买决策重要的参考依据，可以为消费者提供高质量的信息内容。从"双 11"的销售业绩来看，以智能手机作为在线评论有用性评价的研究对象是合适的。本书选择小米、荣耀、华为和魅族等四种国产手机品牌的在线评论作为研究对象。数据搜集时间为 2016 年 8 月 1 日到 2017 年 9 月 30 日,删除部分评论内容缺失或无效数据后,总计获得 384 条信息完整的在线评论信息内容,其中华为手机店铺五家,魅族手机店铺四家,荣耀手机店铺五家和小米手机店铺六家,这些店铺分别用以下符号进行表示(见表 7-1)。

表 7-1 在线评论决策单元概况

序号	品牌	决策单元	主营业务
1	华为	H1	华为 G9Plus
2		H2	华为 Nova
3		H3	华为畅享
4		H4	华为畅享 6S
5		H5	华为畅享 7
6	魅族	M1	魅族 MX6
7		M2	魅族 MX6
8		M3	魅蓝 E2
9		M4	魅蓝 Note6
10	荣耀	R1	荣耀畅玩 6X
11		R2	荣耀畅玩 6X
12		R3	荣耀畅玩 6X
13		R4	荣耀畅玩 6X
14		R5	荣耀畅玩 6X
15	小米	S1	红米 Note4X
16		S2	红米 Note4X
17		S3	红米 Note4X
18		S4	红米 Note4X
19		S5	红米 5C
20		S6	小米 5C

7.4.2 效率分析

在线评论知识传递综合效率是用来衡量在线评论在信息发送方与在线评论接收方之间进行有效传递的整体效率情况。由表 7-2 可知,小米手机的平均综合效率最大,为 0.502,其后依次为荣耀、魅族和华为手机。从总体上说,各个手机品牌决策单元的在线评论知识传递效率不高。基于平均综合效率对这 20 个决策单元的在线评论知识传递效率进行排序,发现魅族手机 M4 决策单元的在线评论知识传递效率最大,但同品牌的其他决策单元知识传递效率排名与之存在很大距离,分别占第 11 名、第 18 名和第 20 名。虽然小米手机的各个决策单元没有实现在线评论知识传递效率最大,但从整体上排名均比较靠前,决策单元 S1、S2、S3 和 S4 在 20 个决策单元中位列前 10 名。华为手机所涉及的决策单元在排名方面较为分散,决策单元 H1 的在线评论知识传递效率排名为第 4 名,其他决策单元均在 10 名以外。荣耀手机的决策单元在第 6 名和第 12 名之间。因此,从手机品牌决策单元的排名情况可以看出,在线评论知识传递效率较高的决策单元其排名的分散性较低。

表 7-2　在线评论知识传递效率及其分解

决策单元	平均综合效率	平均技术效率	平均规模效率	排名
H1	0.669	0.927	0.693	4
H2	0.263	0.934	0.277	17
H3	0.333	0.932	0.350	13
H4	0.299	0.797	0.341	16
H5	0.490	0.890	0.531	9
平均值	0.411	0.896	0.438	—
M1	0.465	0.914	0.504	11
M2	0.192	0.901	0.209	20
M3	0.237	0.850	0.265	18
M4	0.791	0.987	0.801	1
平均值	0.421	0.913	0.445	—
R1	0.310	0.869	0.328	15
R2	0.562	0.944	0.575	6
R3	0.467	0.883	0.500	10
R4	0.383	0.906	0.405	12
R5	0.551	0.905	0.593	7
平均值	0.455	0.901	0.480	—
S1	0.501	0.874	0.553	8
S2	0.683	0.826	0.830	2
S3	0.677	0.987	0.681	3
S4	0.630	0.935	0.654	5
S5	0.194	0.876	0.207	19
S6	0.324	0.890	0.364	14
平均值	0.502	0.898	0.548	—

在分解效率方面，各个手机品牌决策单元的平均技术效率均高于平均规模效率，说明平均综合效率不高的主要原因是规模效率较低。规模效率表示在制度和管理技术水平一定时，实际规模的产出量与最有规模的产出量的比值。这个比值越接近1，说明在线评论知识投入规模越合适，如果比值为1，说明实现最优规模。由表7-2可知，20个决策单元中平均规模效率最大值为0.83，而最小值为0.207，各个手机品牌的平均规模效率值也均在0.5左右，因此，规模效率较低的决策单元应改善消费者参与在线评论赞同投票行为和问答行为的程度，实现对在线评论知识传递效率的优化。

在线评论知识传递效率分类结果见表7-3。在线评论知识传递效率的在线评论为66条，实现DEA有效，知识传递效率分类结果为较好的在线评论仅为12条，两种类型的在线评论共占20.31%，而知识转移效率在0.8以下的在线评论占79.69%，这说明在线评论知识效率存在很大的提升空间。

表7-3 在线评论知识传递效率分类结果

知识传递效率	1.0	0.8～1.0	0.4～0.8	0.2～0.4	0.2以下
评价	好	较好	一般	较差	差
评论数量	66	12	80	76	150
累计	66	78	158	234	384
占比（%）	17.19	3.13	20.83	19.79	39.06
累计占比（%）	17.19	20.32	41.15	60.94	100.00

7.4.3 技术效率分析

技术效率是指以当前技术在投入一定的前提下，在线评论可以获得更多的赞同投票数和问答数。由表7-4可知，华为、魅族、荣耀和小米等四个手机品牌的技术效率达到DEA有效的个数均超过非DEA有效的个数。

表7-4 在线评论技术有效分析

手机类型		华为	魅族	荣耀	小米	合计
在线评论数量	DEA有效	42	46	63	74	225
	非DEA有效	38	40	33	48	159
	合计	80	86	96	122	384
占比（%）	DEA有效	52.50	53.49	65.63	60.66	58.59
	非DEA有效	47.50	46.51	34.38	39.34	41.41
	合计	100.00	100.00	100.00	100.00	100.00

其中荣耀手机的 DEA 有效的比重最大,与小米手机的 DEA 有效数量均超过在线评论总数的 60%,因此这两种品牌手机需要调整投入产出结构的在线评论数量相对较少。非 DEA 有效的在线评论数量共计 159 条,占全部在线评论总数的 41.41%,这说明近半数的在线评论仍存在改进空间,具体的改进方案将在松弛变量分析中进行详细的说明。

7.4.4 规模收益分析

规模收益是指在技术、制度和管理水平一定的条件下,现有实际生产规模与最优生产规模之间的差距。其中,规模收益递增说明通过增加知识密度、知识宽度和降低知识粘性等途径可以有效提高消费者对在线评论有用性的感知,增加赞同投票数和问答数。而规模效率递减则表示投入量过大,需要对投入量进行调整。规模效率不变则代表在线评论达到规模有效状态,投入产出规模最佳。由表 7-5 可知,荣耀和小米手机在线评论规模收益不变的都占 20% 以上,明显高于其他华为和魅族两种手机品牌的在线评论的规模收益占比。对比呈现规模收益递减的在线评论,规模收益递增的在线评论明显更多,这说明消费者在线评论的赞同投票行为和问答行为的增长会超过在线评论知识投入的增长速度。

表 7-5 在线评论规模收益分析

手机类型		华为	魅族	荣耀	小米	合计
在线评论数量	不变	12	9	21	25	67
	递增	68	76	75	95	314
	递减	3	1	0	2	3
	合计	80	86	96	122	384
占比(%)	不变	15.00	10.47	21.88	20.49	17.45
	递增	85.00	88.37	78.13	77.87	81.77
	递减	3.75	1.16	0.00	1.64	0.78
	合计	100.00	100.00	100.00	100.00	100.00

7.4.5 松弛变量分析

通过松弛变量分析可以进一步对非 DEA 有效决策单元的投入和产出情况进行分析,发现在线评论决策单元偏离有效的程度并找出原因,为在线评论知识传递效率向 DEA 有效进行改进指明目标和提供准确的方案,实现在线评论知识科学合理的投入和有效的配置。

对非DEA有效在线评论投入冗余和产出不足量进行调整，结果见表7-6。从手机类型来看，荣耀手机知识密度、知识粘度、知识距离和知识宽度投入冗余的改进幅度均高于其他类型的手机。而魅族手机在产出不足方面的改进幅度均超过100%。投入调整方面，知识距离的平均调整幅度最大，达到48.39%，说明在线评论平台应控制在线评论信息发送者和接收者之间的等级差异。在产出调整方面，在线评论赞同投票数的调整幅度最高达到578.98%，平均改进幅度超过170%，而评论问答数的改进幅度相对较低，平均改进幅度为82.28%。

表7-6 非DEA有效在线评论投入产出调整分析

手机类型		投入指标				产出指标	
		知识密度	知识粘度	知识距离	知识宽度	赞同投票数	问答数
华为	投入值	26.70	6.93	473002.25	184.00	1822.00	627.00
	投影值	21.41	5.42	259407.66	149.14	2745.56	926.37
	改进幅度（%）	−19.79	−21.81	−45.16	−18.95	50.69	47.75
魅族	投入值	20.94	5.84	299836.58	125.00	484.00	235.00
	投影值	15.20	4.18	188636.77	84.45	3286.26	632.48
	改进幅度（%）	−27.40	−28.39	−37.09	−32.44	578.98	169.14
荣耀	投入值	24.10	5.95	504099.50	108.00	339.00	133.00
	投影值	14.74	3.89	187690.48	70.89	485.17	200.69
	改进幅度（%）	−38.86	−34.62	−62.77	−34.36	43.12	50.89
小米	投入值	31.45	8.29	504219.65	152.00	606.00	241.00
	投影值	20.39	5.13	259395.61	99.92	819.06	388.82
	改进幅度（%）	−35.18	−38.14	−48.56	−34.26	35.16	61.33
平均改进幅度		−30.31	−30.74	−48.39	−30.00	176.99	82.28

7.5 本章小结

遵循在线评论有用性评价指标体系构建原则，对华为等四种手机品牌的在线评论有用性进行评价。以各个手机品牌决策单元的平均在线评论知识传递效率作为衡量消费者感知在线评论有用性的方法。从研究结果可以发现，小米、荣耀、魅族和华为等手机品牌的在线评论知识传递效率依次递减，说明小米手机更好地实现了信息传递。综合分析在线评论知识传递投入产出情况可以发现，消费者参与在线评论社群行为的积极性不高，产出不足，因此激励消费者参与在线评论社群行为是后续研究需要关注和解决的重点问题。

第 8 章　消费者感知在线评论有用性的提升策略

基于消费者感知过程对在线评论有用性进行评价发现，消费者感知在线评论有用性整体水平不高。通过前文对消费者感知在线评论有用性的刺激因素，及其影响消费者信任和情感心理与行为进行分析，发现信息内容特征、信息人特征和信息技术特征在不同程度上对消费者感知在线评论有用性具有重要影响。若要提升消费者对在线评论的感知有用性，需要从以上三个方面进行完善。故本书以前文对消费者感知在线评论有用性的分析及其评价结果为参考，分别从提升在线评论信息质量、强化在线评论信息主体参与社群行为和改善在线评论信息技术环境等三个方面提出在线评论网站管理者应如何提升在线评论平台功能的优化策略。

8.1　提升在线评论信息质量的策略

将在线评论信息内容进行序化和中心化加工以满足不同消费者的需要是解决信息过载、信息迷失等问题和提高在线评论有用性的重要方法。从知识特征视角进行分析，提出提升在线评论信息质量的序化和中心化策略，这种方法有助于提升在线评论信息内容中知识数量和质量。序化是指将在线评论信息内容按照一定的准则进行排序，而中心化是指为消费者提供高质量的评论内容。这对于提高在线评论信息质量和增加消费者对在线评论有用性的感知具有重要意义。

8.1.1　序化在线评论信息内容

1. 对在线评论信息内容进行语法序化

在线评论信息内容的语法序化主要包括时空排序及关于产品和服务特征方面的信息挖掘两种主要方式，以实现对在线评论信息质量的判断。本书建议基于特征挖掘来鼓励消费者发表高质量的在线评论信息内容。在线评论存在信息内容过载等问题，而挖掘的产品或服务特征则代表消费者关注的重点，因此，可以以产品特征和服务特征为基础建立消费者在线评论发表框架（如图 8-1 所示）。立足于本书从知识特征视角分析在线评论产品和服务特征对在线评论有用性影响的研究结果，可以发现图 8-1 所示的这种在线评论发表框架有利于提高知识密度、知识宽度和降低知识粘性，缓解在线评论信息过载和无序的状态。此外，产品发表框架中产品特征的排序也需要按照消费者对在线评论感知有用性的感知强度进行排序，如通过历史信息可以挖掘出消费者最关心的产品或服务的质量问题，其次是外观、服务态度和价格等，那么向消费者呈现此类商品的在线评论信息发表框架时就应按照消费者对在线评论特征需求进行排序设计，这样有利于提高消费者感知在线评论有用性的程度。

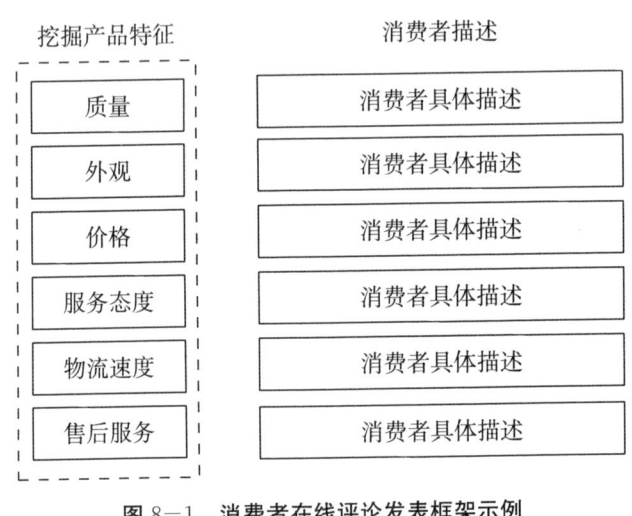

图 8-1　消费者在线评论发表框架示例

2. 对在线评论信息内容进行语义序化

在线评论平台的情感分类是将评论内容划分为正面评价、负面评价或中性评价。对比正面评价和负面评价的二维情感分类方法，在平台中以多维情感进行呈现可以更好地让潜在消费者了解他人对产品和服务的体验、态度和观点。因此，笔者基于普拉特切克情感轮对评论内容进行多维情感语义序化，以警觉等八种情感维度建立在线评论情感标签，让浏览者通过不同情感标签了解和感知已发表评论的消费者对产品或服务的使用体验。

3. 提高平台特征挖掘技术

基于知识特征视角分析在线评论信息内容对消费者感知有用性的作用效果的过程中发现，从在线评论信息内容中提取的知识对构建在线评论领域知识库和分析知识特征对消费者感知在线评论有用性的影响具有重要意义。在线评论信息内容的序化可以从在线评论领域知识特征挖掘技术的视角进行完善。在线评论具有海量、实时更新的特点，而传统知识特征挖掘未考虑时间因素的影响，因此提出一种基于转折点的特征挖掘方法，可以保证知识特征挖掘方法的精度和有效运用。首先，是能够显著实现对时间跨度的缩减，评论发表时间跨度最长为十多年，这期间产品外观和性能的改良、商家服务质量的提升及消费者购买经验的积累随着时间的推移都发生了很大的变化，会影响在线评论知识的生成，因此，缩短在线评论知识提取的时间跨度更有利于提取当前消费者关注的知识，实现知识特征库的建立，并体现知识特征的相关性和及时性。其次，是保证知识特征提取方法更具精确度。不同类型的消费者对产品或服务相关特征的关注度存在差异，如享乐型消费者重视产品外观设计等评论知识，而实用性消费者更重视产品性能方面的知识，不同在线评论知识对消费者感知有用性的作用效果存在差异。因此，可以通过比较知识信息量对文本有效性的影响，判断是否将其纳入知识特征词库。从以上两个方面对特征挖掘技术进行优化，可以有效提高在线评论知识提取的相关性和准确性。

8.1.2 中心化在线评论信息内容

1. 提升在线评论信息发送者能力

在线评论信息发送者是在线评论信息内容的生成者。因此中心化在线评论信息内容首先应从提升在线评论信息发送者能力的方面进行探索。可以从以下几个渠道进行强化：

（1）鼓励消费者广泛阅读高质量的在线评论信息内容。

平台鼓励消费者广泛阅读高质量的在线评论信息内容是指平台可以通过筛选的方式将高质量在线评论信息内容最先呈现给消费者。在线评论信息内容目前表现为信息过载，信息质量参差不齐等混乱状态，鉴于在线评论平台已采用认证方式对高质量在线评论信息内容进行标注，在消费者浏览在线评论时可以侧重推荐其阅读经过认证的高质量评论内容，使消费者体会这些高质量在线评论信息内容在用词、结构和语义等方面的优势，不断积累在线评论撰写的要点。

（2）积极发表高质量的在线评论信息内容。

平台可以采取激励和惩罚措施鼓励消费者发表高质量的评论内容，从而间接提高在线评论信息发送者的能力。许多电子商务网站对高质量在线评论信息内容的认定有明确的规定，如评论字数需达到多少以上，需要对产品或服务哪些方面进行评价等，同时也会明确消费者发表高质量在线评论会获得哪些奖励，因此在线评论平台通过激励惩罚机制的设置可以在一定程度上提升消费者发表高质量在线评论的能力。

(3) 促进和维持消费者间持久、稳定的互动交流关系。

消费者积极使用在线评论赞同投票功能和问答功能对于消费者感知在线评论有用性具有重要意义。因此，在线评论平台管理者或设计者应完善这种服务功能，从而提高消费者发表在线评论信息内容的质量。潜在消费者在与其他消费者进行互动交流的过程中，已购消费者基于对产品或服务的感知，可以表达出自身独特的使用体验和感受，也可以了解其他消费者对产品或服务的信息需求和感知其他消费者的信息需求，这些交流经验在未来会影响消费者发表评论内容的侧重面和质量，满足消费者的信息需求。

2. 完善意见领袖管理机制

(1) 基于评论内容质量和社群关系建立意见领袖识别机制。

在线评论平台中的意见领袖是指能对潜在顾客购买态度和行为产生影响的在线评论信息发送者。目前，在线评论平台中意见领袖的判断主要依据平台对消费者等级的划分（如大众点评的 Lv1～Lv8 级别）、各种成长值（如京东的京享值）和因发表高质量在线评论信息内容而认证成为意见领袖（如去哪网的"砖家评论"）等三种形式。其中消费者等级和各种成长值的提高主要是通过发表评论信息、浏览评论内容、日常支付或消费、参与社群活动和完善账户信息等途径实现。基于上述分析可以发现，意见领袖的识别机制主要是基于消费者在电子商务网站上的综合行为而建立的，而没有结合在线评论平台的主要相关内容进行识别。因此，本书提出平台应基于评论内容质量和社群关系建立意见领袖识别机制。一方面鼓励消费者发表的评论内容质量满足相关的要求，如在评论字数、产品或服务特征描述和综合评价结果等方面进行精炼的概括；另一方面结合在线评论信息内容收到的赞同投票数和问答数等具有社群关系特征的指标进行综合判断和识别意见领袖。对比基于电子商务网站消费者行为识别意见领袖的方法，基于评论内容质量和社群关系的意见领袖识别机制可以更准确地识别出在线评论平台的意见领袖，方便消费者从意见领袖获取高质量的评论内容。

(2) 提高意见领袖的激励机制。

意见领袖发表的在线评论信息质量显著优于一般消费者在平台中呈现的评论内容。因此，相对于发表一般评论所获得激励成果，在线评论平台对于意见领袖的激励机制应有所区别且更具吸引力。针对不同级别的在线评论信息发送者，在线评论平台应制定分层激励措施，其中达到意见领袖级别的消费者在发表在线评论信息内容时所获得的物质激励和精神激励应该最高，实现有效带动意见领袖参与高质量在线评论信息内容发表的行动中。

(3) 发挥意见领袖的促进机制。

意见领袖的在线评论观点对于消费者态度和行为具有重要的影响力。因此，对于已购买商品且未发表在线评论的消费者，在线评论平台可以在此期间向其推送意见领袖发表的相关评论作为评论内容的参考，鼓励消费者发表高质量的评论信息。

8.2 强化在线评论信息主体参与社群行为的策略

在线评论信息发送者和信息接收者二者之间的知识传递效率较低说明消费者对在线评论有用性的感知水平较低。基于松弛变量分析发现，吸引更多在线评论信息主体参与在线评论社群行为对于提高消费者感知在线评论有用性具有重要意义。因此，从提升在线评论平台服务能力和优化激励机制两方面提出改进策略。

8.2.1 提高在线评论平台的服务能力

1. 提高在线评论平台的交互性渠道

(1) 强化追踪服务和推送服务。

交互性技术可以提高消费者信息获取的程度和得到情感方面的支持，使消费者在交互过程中感受愉快情感和唤起情感，增强用户粘性。目前 B2C 或 C2C 电子商务网站在线评论平台的交互性技术主要包括赞同投票功能、问答功能和分享功能，虽然实现了多渠道的信息交互，然而无法实时对感兴趣的评论内容进行跟踪。在线评论中推荐信号对消费者认知信任、情感信任及愉快情感具有显著的积极影响。因此平台可以利用互联网技术对消费者感兴趣的评论内容提供追踪服务和推送服务，增强用户情感和信任。

(2) 丰富社群交流工具。

在线评论信息接收者与在线评论信息发送者基于初始评论内容进行互动交流时，只能采取发送文本内容的方式进行沟通，这对于双方表达难以用语言形容和文字描述的信息内容造成了很大的困扰，因此，在线评论平台应考虑为在线评论信息主体提供更多社群交流工具，如实现图片和短视频的交流方式。通过社群交流工具增进在线评论发送者和信息接收者之间的情感信任，对于促进消费者行为反应的发生具有积极作用。

(3) 基于产品种类建立更广泛在线评论社群交互平台。

目前，电子商务网站和第三方评论平台的设置主要是内嵌于各个商家的服务系统之中，因此，同一种产品由于商家的不同导致评论者之间无法进行广泛的沟通交流。而基于产品种类建立的在线评论社群交互平台可以有效提高消费者参与商家评论平台的积极性。此平台聚集了更多此种产品的消费者，可以为潜在消费者提供更多了解产品和互动交流的机会，有助于培养消费者参与社群行为的习惯。

2. 深化在线评论信息接收者个性化服务

在线评论信息接收者浏览评论内容的主要目标是寻找支持其购买决策的信息。考虑到消费者个体差异和购买态度与行为上的差异，某些消费者的行为属于经济型购买，有些偏理智型购买，还有一些可能是情感型购买方式，对于不同购买类型的消费者，应为在线评论信息接收者提供个性化的评论内容筛选服务，深入挖掘在线评论信息接收者的个性化特征。许多电子商务网站无须登录也可以浏览在线评论信息内容，但缺陷是无法基于历史信息对消费者的偏好、价值观等方面进行挖掘和定位，也就无法提供满足其需求的在线评论信息，进而影响在线评论信息接收者参与社群行为的积极性。深入挖掘在线评论信息接收者的个性化首先是促使消费者积极登录平台，其后平台基于个人信息和消费者历史购买行为信息为其推荐具有个性化需求的评论内容，吸引在线评论信息接收者与信息发送者进一步交流。此外，在线评论信息接收者与信息发送者在价值观等方面的相似性有利于提高其信任情感、唤醒情感和愉快情感，因此，筛选在线评论信息内容时也应考虑二者之间的感知相似性。

8.2.2 优化激励机制

1. 丰富激励模式

在线评论激励机制主要包括物质激励、精神激励和联合激励等三种形式，具体表现为消费者积分兑换、消费者等级提升和颁发荣誉称号等。从激励方向看，多数激励方式为正向激励措施，而忽略惩罚性激励措施对在线评论激励机制的影响。因此，需要对在线评论激励机制中的惩罚力度进行明确。对于消费者在某段时间内因参与在线评论社群行为而获得的经济激励或非经济激励，平台应对消费者参与的社群行为进行跟踪，当消费者社群参与行为低于某一程度或消失，就应对消极社群行为进行惩罚，如扣除部分经济奖励、取消折扣等优惠措施或降低消费者等级。由此，形成正向激励和负向激励相结合的激励方式，促进消费者积极参与社群行为。

2. 完善公平激励模式

以在线评论信息发送者为例，在线评论信息发送者参与社群行为的动机和积极性不仅源于平台给予的绝对收益，还会受到相对收益的影响。在线评论平台中消费者参与社群行为的差异性主要体现在以下两个方面：一方面，消费者等级存在巨大差异。有些评论者可能是意见领袖，而有些评论者可能仅仅是刚使用在线评论的新手。另一方面，为信息内容质量的差异。在线评论信息发送者在问答过程中受自身积极性、能力等因素的影响，在向其他潜在消费者提供产品或服务信息时，其回复内容的质量存在差异。因此，在线评论平台针对不同等级的在线评论信息发送者、不同质量的回复内容应采取公平的激励模式，有差异的进行奖惩，这有助于唤起消费者的情感，鼓励其参与在线评论相关活动。

3. 实行消费者偏好激励

平台对在线评论信息发送者参与社群行为的激励方式实行的是一种较为固定的激励模式，较少从人的需要视角考虑其对消费者的影响。在线评论信息发送者间的个体特征存在差异，当一种需求得到满足时会衍生对另一种需求的渴望，因此，对于偏好物质激励的在线评论信息发送者可以通过积分等物质激励的方式进行奖励，而对于重视精神激励的在线评论发送者，在线评论平台可以将激励方式进行转化，实行更多能够满足消费者精神需求的激励方式。

4. 细化激励方式

许多电子商务网站在消费者首次评价后给予多种奖励，而消费者在参与后续在线评论社群活动的过程中并不能清楚了解自身做出的评价内容或是与其他消费者进行互动交流能获得多少回报，即平台未考虑在线评论信息发送者的成本收益问题。如果在线评论信息发送者认为他们贡献评论内容的时间和努力成本没有获得他们期望的收益，则会降低参与在线评论社群行为的意愿。因此在线评论平台可以从以下几个方面细化在线评论的激励方式。

第一，可以基于RFM模型对在线评论信息发送者的活跃度、忠诚度和效用进行评价，明确和区分在线评论信息发送者的价值，以此作为阶段性激励方法。

第二，在线评论信息发送者的社群行为包括在线评论赞同投票行为和问答行为，对比在线评论赞同投票行为，在线评论信息发送者的问答行为因与其他消费者进行更深入的交流和互动而付出更多的时间成本和努力成本，因此，对于在线评论赞同投票行为和问答行为，可以给予不同的权重计算在线评论信息发送者参与社群行为的贡献值，以此作为激励的评价标准。

第三，从在线评论回复内容质量方面完善激励措施。有效的社群参与行为才能为潜在消费者提供有关产品和服务的决策支持信息。因此，在线评论平台一方面应鼓励在线评论信息发送者积极参与社群行为，另一方面应对高质量的社群行为给予更多的激励，如通过提高积分值和赋予荣誉称号等多种激励方式促使其发表高质量评论内容。

8.3 改善在线评论信息技术环境的策略

在线评论信息技术对消费者感知信任和情感具有显著影响，因此提升消费者感知在线评论有用性需要对评论标签摘要和排序功能两种最为主要的信息技术进行优化。

8.3.1 考虑外部因素生成评论标签摘要

1. 考虑时间因素生成评论标签摘要

随着时间变化，一方面，商家的服务态度、物流速度、产品质量和售后服务等特征可能存在变化，另一方面，应考虑到我国目前网购人数巨大，绝大多数在线评论信息发送者的购物经验、教育背景也可能随着时间逐渐提高，因此不考虑时间差异可能导致评论标签摘要生成出现偏差。平台通过建立一种基于时间加权的知识发现方法和模型可以缓解这一情况的出现。

2. 考虑社群关系生成评论标签摘要

目前电子商务网站已转向社群化网站的方向发展，消费者之间的社群关系对促进平台发展起到显著影响。对产品和服务有相似偏好和兴趣的消费者之间会开展更多的推荐、购买和评价行为，因而消费者的关注数和好友数等评价社群参与程度的指标在一定程度上反映了消费者的影响力和偏好。在生成评论标签摘要时，社群关系较强的消费者较之社群关系弱的消费者发表的在线评论信息内容应更值得关注。因此，在生成评论标签摘要时考虑消费者社群关系，以此完善个性化的评论标签摘要生成策略更有助于消费者感知在线评论有用性。

8.3.2 考虑信息行为和信息人因素生成评论标签摘要

1. 考虑消费者社群行为生成评论标签摘要

消费者在线评论社群行为包括在线评论赞同投票行为和问答行为。消费者对不同在线评论信息内容的社群行为存在差异。这反映了在线评论价值存在差异。因此，消费者的社群参与行为是评价在线评论有用性的指标之一。基于在线评论信息内容生成评论标签时应考虑将社群行为作为权重指标。如以主题模型聚类方法生成评论标签摘要时就可能涉及单个评论权重的计算，可以将消费者社群行为融合进评论文本重要度计算当中，增加评论标签摘要生成的准确性和可信性。

2. 考虑在线评论信息发送者特征生成评论标签摘要

在线评论信息发送者（评论者）是在线评论信息内容的生产者，而评论者之间在购买经验、评论经验、教育背景、年龄和收入等方面存在巨大差异，因此，考虑评价者之间的差异对于提高评论标签摘要的质量具有重要意义。在线评论平台可以利用评论者之间的差异和平台储存的历史数据信息，在采用文本挖掘、观点挖掘或主题挖掘等方法时对不同消费者赋予具有差异性的权重，更加精确地提炼出具有代表性的评论标签摘要，避免精英评论者和草根评论者在平台上无差异分享购买经验而导致生成的评论标签摘要质量下降的问题。

3. 考虑在线评论信息接收者特征生成评论标签摘要

评论标签摘要是从在线评论文本内容中抽取的能总结其观点或主题特征的一种 Web 技术。这种技术将消费者隐藏在评论内容中对产品或服务的认知、知识和智慧进行外化。如从京东某款手机评论内容中挖掘出"炫光设计、画面清晰细腻和畅快游戏体验"等十个评论标签摘要，另一种不同品牌和型号的手机在线评论则提炼出"反应超快、清晰度高和漂亮大方"等十个完全不同的评论标签摘要，因而评论标签摘要的生成主要是运用文本挖掘、观点挖掘和主题模型聚类等方法对在线评论文本内容进行知识发现。但这些方法未充分考虑评论标签摘要生成后是否满足使用者的需求。消费者对产品或服务的偏好、态度和需求在一定程度上隐藏于消费者在电子商务网站中的购买行为、浏览行为、推荐行为、关注行为、评论行为、社交行为和个人信息中，因此生成在线评论标签前可以先对消费者的相关信息进行挖掘，结合消费者需求、偏好和价值观等隐性知识对在线评论信息内容进行知识再发现。

8.3.3 改善在线评论排序功能

海量的在线评论使消费者识别有用的信息内容变得日益困难，因而几乎所有的在线评论平台在其系统内部都为潜在消费者设置了时间排序和推荐排序两种决策支持工具，其中推荐排序相对于时间排序对消费者感知在线评论有用性的影响更大，但仍然存在不足。首先，推荐排序功能实现了对信息质量、评论时间、图片等在线评论有用性的影响因素分析,但在线评论平台中的推荐排序算法未考虑在线评论对社群活动的影响,即在线评论赞同投票行为和问答行为未被作为生成推荐评论的指标。在线评论赞同投票数是消费者对在线评论有用性的一种评价方式,而问答数反映了消费者对在线评论信息内容的关注度,将这两种行为作为生成推荐排序的因素可以提高推荐的准确性。其次,推荐排序未考虑潜在消费者的特征。推荐排序这一决策支持工具是辅助消费者进行购买决策的重要支持方式,个体间的行为偏好可以基于历史行为进行推测,因此推荐排序的生成应将消费者历史信息等纳入推荐排序的体系中,实现在线评论信息内容和消费者特征的有效结合。最后,扩展排序功能。在线评论平台中除排序功能外,评论标签摘要是另一种重要的决策支持工具,但部分在线评论平台无法实现评论标签摘要和排序功能的同时应用,基于评论标签摘要筛选出的评论信息无法对其进行时间排序或是推荐排序,因此改善在线评论排序功能可以从实现评论标签摘要筛选功能和排序功能同时运行这一方面展开。

8.4 本章小结

基于对在线评论有用性刺激因素分析、消费者感知在线评论有用性的情感心理、信任心理和行为分析及对在线评论有用性的评价结果分析,从提高在线评论信息质量、强化在线评论信息主体参与社群行为和改善在线评论信息技术环境等三方面提出相应的对策和建议,主要包括序化和中心化在线评论信息内容提高整体评论信息质量;对平台服务能力和激励机制进行优化,从而吸引更多的在线评论信息主体参与社群活动和考虑多方面因素对评论标签摘要和排序功能进行优化等措施,最终实现在线评论决策支持系统更好的辅助消费者感知在线评论有用性的目的。

参考文献

曹高辉，虞松涛，张煜轩，等，2017. 消费者持续参与在线评论意愿实证研究［J］. 管理评论，29（11）：148-158.

常亚平，肖万福，覃伍，等，2012. 网络环境下第三方评论对冲动购买意愿的影响机制：以产品类别和评论员级别为调节变量［J］. 心理学报，44（9）：1244-1264.

陈琳，田晓明，段锦云，2019. 建议采纳的认知机制［J］. 心理科学进展，27（1）：149-159.

陈燕方，2017. 基于DDAG-SVM的在线商品评论可信度分类模型［J］. 情报理论与实践，40（7）：132-137.

邓卫华，易明，2011. 基于信息过程模型的虚拟社区口碑传播研究［J］. 情报资料工作（2）：36-39.

刁雅静，何有世，王念新，等，2017. 商品类型对消费者评论认知的影响：基于眼动实验［J］. 管理科学，30（5）：3-16.

董颖，许正良，刘方，等，2016. 移动社交网络用户对产品推荐信息反应意愿研究［J］. 图书情报工作，60（23）：111-118.

杜学美，薛平，宋述秀，2018. 基于透镜模型的在线口碑传播的有效性研究［J］. 管理科学，31（6）：74-91.

范晓屏，卢艳峰，韩红叶，2016. 网购信息环境对消费者决策过程的影响：基于有限理性视角［J］. 管理工程学报，30（2）：38-47.

郭顺利，张向先，李中梅，2015. 面向用户信息需求的移动O2O在线评论有用性排序模型研究——以美团为例［J］. 图书情报工作，59（23）：85-93.

郝媛媛，2010. 在线评论对消费者感知与购买行为影响的实证研究［D］. 哈尔滨：哈尔滨工业大学.

郝媛媛，叶强，李一军，2010. 基于影评数据的在线评论有用性影响因素研究［J］. 管理科学学报，13（8）：78-88+96.

何有世，李娜，2016. 搜索型商品评论有用性影响因素研究［J］. 情报杂志，35（12）：202-206+201.

赖胜强，2010. 基于SOR模式的口碑效应研究［D］. 成都：西南财经大学.

雷井生，2009. 中小企业知识资本绩效实现的影响因素——基于实证视角的分析 [J]. 经济管理，31（5）：80−88.

李慧颖，2013. 在线评论对消费者感知及企业商品销量的影响研究 [D]. 哈尔滨：哈尔滨工业大学.

李杰，李欢，2018. 基于深度学习的短文本评论产品特征提取及情感分类研究 [J]. 情报理论与实践，41（2）：143−148.

李中梅，张向先，郭顺利，2017. 移动商务环境下 O2O 用户在线评论有用性影响因素研究 [J]. 情报科学，35（2）：130−137.

梁玲，袁璐华，谢家平，2022. 基于 ABC 态度理论的直播带货用户购买行为机理实证 [J]. 软科学，36（12）：118−126.

刘景方，李嘉，张朋柱，等，2016. 用户评论标签摘要系统的有效性研究 [J]. 系统管理学报，25（4）：613−623.

刘伟，徐鹏涛，2016. O2O 电商平台在线点评有用性影响因素的识别研究——以餐饮行业 O2O 模式为例 [J]. 中国管理科学，24（5）：168−176.

罗汉洋，李智妮，林旭东，等，2019. 网络口碑影响机制：信任的中介和性别及涉入度的调节 [J]. 系统管理学报，28（3）：401−414+428.

毛蕴诗，应红，2015. 知识密度的多维结构及其影响关系研究——基于东莞制造业出口企业的国际市场表现的实证研究 [J]. 东南大学学报（哲学社会科学版），17（6）：66−73+147.

闵庆飞，覃亮，张克亮，2017. 影响在线评论有用性的因素研究 [J]. 管理评论，29（10）：95−107.

潘煜，万岩，陈国青，等，2018. 神经信息系统研究：现状与展望 [J]. 管理科学学报，21（5）：1−21.

盘英芝，崔金红，王欢，2011. 在线评论对不同热门程度体验型商品销售收入影响的实证研究 [J]. 图书情报工作，55（24）：126−131.

彭丽徽，2019. 基于在线评论的网络口碑生成机理及监测预警研究 [D]. 长春：吉林大学.

彭丽徽，李贺，张艳丰，等，2017. 基于品牌声誉感知差异的在线评论有用性影响因素实证研究 [J]. 情报科学，35（9）：159−164.

石乘齐，2014. 基于知识特性的技术创新网络组织权力形成研究 [J]. 情报学报，33（7）：676−688.

宋艳双，刘人境，2016. 知识阈值对组织学习绩效的影响研究 [J]. 管理科学，29（4）：94−103.

王翠翠，高慧，2018. 含追加的在线评论有用性感知影响因素研究——基于眼动实验 [J]. 现代情报，38（12）：70-77+90.

王浣尘，2006. 信息距离与信息 [M]. 北京：科学出版社.

王念新，葛世伦，王智宁，等，2013. 反映式与构成式测量模型的差异：基于TAM的实证研究 [J]. 系统工程理论与实践，33（12）：3127-3138.

王倩倩，2015. 一种在线商品评论信息可信度的排序方法 [J]. 情报杂志，34（3）：181-185.

王昕天，汪向东，2019. 社群化、流量分配与电商趋势：对"拼多多"现象的解读 [J]. 中国软科学（7）：47-59.

王智生，2013. 基于知识转移的研发联盟信任演化机理及动力学模型研究 [D]. 哈尔滨：哈尔滨工业大学.

魏胜，吴小丁，任朝阳，2017. 娱乐体验中情感因素对购物中心魅力度的影响 [J]. 数理统计与管理，36（5）：853-865.

吴明隆，2010. 结构方程模型——AMOS的操作与应用 [M]. 重庆：重庆大学出版社.

夏火松，杨培，熊涂，2015. 基于特征提取改进的在线评论有效性分类模型 [J]. 情报学报，34（5）：493-500.

夏火松，甄化春，张颖烨，等，2016. 线上商品评论有效性分类专业领域知识模型的构建研究 [J]. 情报学报，35（9）：946-954.

闫强，孟跃，2013. 在线评论的感知有用性影响因素——基于在线影评的实证研究 [J]. 中国管理科学，21（S1）：126-131.

严建援，张丽，张蕾，2012. 电子商务中在线评论内容对评论有用性影响的实证研究 [J]. 情报科学，30（5）：713-716+719.

晏自翔，卞艺杰，2016. 匹配视角下知识粘性分析和对策研究 [J]. 情报杂志，35（6）：202-207+188.

杨铭，祁巍，闫相斌，等，2012. 在线商品评论的效用分析研究 [J]. 管理科学学报，15（5）：65-75.

杨雪，2017. 在线评论对消费者品牌信任的影响研究——以家用乘用车为例 [D]. 徐州：中国矿业大学.

尹裴，王洪伟，2016. 面向产品特征的中文在线评论情感分类：以本体建模为方法 [J]. 系统管理学报，25（1）：103-114.

张洪，鲁耀斌，闫艳玲，2017. 社会化购物社区技术特征对购买意向的影响研究 [J]. 科研管理，38（2）：84-92.

张向阳，那日萨，孙娜，2016. 基于有向网络的在线评论情感倾向性分类 [J]. 情报科学，34（11）：66-69+90.

张艳丰，李贺，彭丽徽，等，2017a. 基于模糊神经网络的在线评论效用分类过滤模型研究 [J]. 情报科学，35（5）：94-99+131.

张艳丰，李贺，彭丽徽，等，2017b. 基于情感语义特征抽取的在线评论有用性分类算法与应用 [J]. 数据分析与知识发现，1（12）：74-83.

张艳丰，李贺，翟倩，等，2016. 基于模糊 TOPSIS 分析的在线评论有用性排序过滤模型研究——以亚马逊手机评论为例 [J]. 图书情报工作，60（13）：109-117+125.

张艳辉，李宗伟，赵诣成，2017. 基于淘宝网评论数据的信息质量对在线评论有用性的影响 [J]. 管理学报，2017，14（1）：77-85.

中国互联网络信息中心，2024. 第 53 次中国互联网络发展状况统计报告 [EB/OL]. （2024-03-22）[2024-06-17]. https://www.cnnic.net.cn/n4/2024/0321/c208-10962.html.

周贺来，2008. 基于治理视角的知识粘性削弱对策研究 [J]. 科学学与科学技术管理，29（6）：90-93.

周密，赵文红，宋红媛，2015. 基于知识特性的知识距离对知识转移影响研究 [J]. 科学学研究，33（7）：1059-1068.

朱红涛，2012. 知识特性对知识交流效率的影响研究 [J]. 情报理论与实践，35（7）：34-37+23.

朱月龙，张开华，段锦云，2017. 建议采纳的情绪机制 [J]. 心理科学进展，25（9）：1607-1613.

ABBASI A, CHEN H C, THOMS S, et al., 2008. Affect analysis of web forums and blogs using correlation ensembles [J]. IEEE transactions on knowledge and data engineering, 20（9）：1168-1180.

AHMAD S N, LAROCHE M, 2015. How do expressed emotions affect the helpfulness of a product review? evidence from reviews using latent semantic analysis [J]. International journal of electronic commerce, 20（1）：76-111.

AHMAD S N, LAROCHE M, 2016. Analyzing electronic word of mouth: a social commerce construct [J]. International journal of information management, 37（3）：202-213.

AKROUT H, DIALLO M F, 2017. Fundamental transformations of trust and its drivers: a multi-stage approach of business-to-business relationships [J]. Industrial marketing management（66）：159-171.

ALLAM H, BLIEMEL M, SPITERI L, et al., 2019. Applying a multi-dimensional hedonic concept of intrinsic motivation on social tagging tools: a theoretical model and empirical validation [J]. International journal of information management (45): 211−222.

ALMOR T, HASHAI N, HIRSCH S, 2006. The product cycle revisited: knowledge intensity and firm internationalization [J]. Management international review (46): 507−528.

AMBLEE N, ULLAH R, KIM W, 2017. Do product reviews really reduce search costs? [J]. Journal of organizational computing and electronic commerce, 27 (3): 199−217.

AMPLAYO R K, SONG M, 2017. An adaptable fine-grained sentiment analysis for summarization of multiple short online reviews [J]. Data & knowledge engineering (110): 54−67.

BAI Y, YAO Z, CONG F Y, et al., 2015. Event-related potentials elicited by social commerce and electronic-commerce reviews [J]. Cognitive neurodynamics (9): 639−648.

BANERJEE S, BHATTACHARYYA S, BOSE I, 2017. Whose online reviews to trust? understanding reviewer trustworthiness and its impact on business [J]. Decision support systems (96): 17−26.

BELDAD A, DE JONG M, STEEHOUDER M, 2010. How shall I trust the faceless and the intangible? a literature review on the antecedents of online trust [J]. Computers in human behavior, 26 (5): 857−869.

CAO Q, DUAN W J, GAN Q W, 2011. Exploring determinants of voting for the "helpfulness" of online user reviews: a text mining approach [J]. decision support systems, 2011, 50 (2): 511−521.

CASALÓ L V, FLAVIÁN C, GUINALÍU M, et al., 2015. Avoiding the dark side of positive online consumer reviews: Enhancing reviews' usefulness for high risk-averse travelers [J]. Journal of business research, 68 (9): 1829−1835.

CHAKRABORTY U, BHAT S, 2018. The effects of credible online reviews on brand equity dimensions and its consequence on consumer behavior [J]. Journal of promotion management, 24 (1): 57−82.

CHANG H H, WONG K H, CHU T W, 2018. Online advertorial attributions on consumer responses: materialism as a moderator [J]. Online information review, 42 (5): 697−717.

CHEN C C, DE TSENG Y, 2011. Quality evaluation of product reviews using an information quality framework [J]. Decision support systems, 50 (4): 755−768.

CHEN C C, YAO J Y, 2018. What drives impulse buying behaviors in a mobile auction? The perspective of the Stimulus-Organism-Response model [J]. Telematics and informatics, 35 (5): 1249-1262.

CHENG M, JIN X, 2019. What do Airbnb users care about? an analysis of online review comments [J]. International journal of hospitality management (76): 58-70.

CHENG Y H, HO H-Y, 2015. Social influence's impact on reader perceptions of online reviews [J]. Journal of business research, 68 (4): 883-887.

CHEUNG C M K, THADANI D R, 2012. The impact of electronic word-of-mouth communication: a literature analysis and integrative model [J]. Decision support systems, 54 (1): 461-470.

CHIH W-H, HSU L-C, LIOU D-K, 2017. Understanding virtual community members' relationships from individual, group, and social influence perspectives [J]. Industrial management & data systems, 2017, 117 (6): 990-1010.

CHO S G, KIM S B, 2017. Feature network-driven quadrant mapping for summarizing customer reviews [J]. Journal of systems science and systems engineering (26): 646-664.

CHOU S-W, HSU C-S, SHIAU J-Y, et al., 2018. Understanding knowledge management phenomena in virtual communities from a goal-directed approach [J]. Internet research, 28 (3): 652-674.

CHU S-C, KIM Y J, 2011. Determinants of consumer engagement in electronic word-of-mouth (eWOM) in social networking sites [J]. International journal of advertising: the review of marketing communications, 30 (1): 47-75.

CHUA A Y K, BANERJEE S, 2016. Helpfulness of user-generated reviews as a function of review sentiment, product type and information quality [J]. Computers in human behavior (54): 547-554.

DARBY M R, KARNI E, 1973. Free competition and the optimal amount of fraud [J]. The journal of law and economics, 16 (1): 67-88.

DOWELL D, MORRISON M, HEFFERNAN T, 2015. The changing importance of affective trust and cognitive trust across the relationship lifecycle: a study of business-to-business relationships [J]. Industrial marketing management (44): 119-130.

DUFFY A, 2016. Trusting me, trusting you: evaluating three forms of trust on an information-rich consumer review website [J]. Journal of consumer behaviour, 16 (3): 212−220.

ESLAMI S P, GHASEMAGHAEI M, HASSANEIN K, 2018. Which online reviews' do consumers find most helpful?: a multi-method investigation [J]. Decision support systems (113): 32−42.

FAN H, LEDERMAN R, 2018. Online health communities: how do community members build the trust required to adopt information and form close relationships? [J]. European journal of information systems, 27 (1): 62−89.

FANG B, YE Q, KUCUKUSTA D, et al., 2016. Analysis of the perceived value of online tourism reviews: influence of readability and reviewer characteristics [J]. Tourism management (52): 498−506.

FELBERMAYR A, NANOPOULOS A, 2016. The role of emotions for the perceived usefulness in online customer reviews [J]. Journal of interactive marketing, 36 (1): 60−76.

FILIERI R, 2015. What makes online reviews helpful? a diagnosticity-adoption framework to explain informational and normative influences in e-WOM [J]. Journal of business research, 68 (6): 1261−1270.

FINK L, ROSENFELD L, RAVID G, 2018. Longer online reviews are not necessarily better [J]. International journal of information management (39): 30−37.

FORMAN C, GHOSE A, WIESENFELD B, 2008. Examining the relationship between reviews and sales: the role of reviewer identity disclosure in electronic markets [J]. Information systems research, 19 (3): 291−313.

GUO B, ZHOU S S, 2016. What makes population perception of review helpfulness: an information processing perspective [J]. Electronic commerce research (17): 58−68.

GUPTA P, HARRIS J, 2010. How e-WOM recommendations influence product consideration and quality of choice: a motivation to process information perspective [J]. Journal of business research, 63 (9−10): 1041−1049.

HAJLI N, 2015. Social commerce constructs and consumer's intention to buy [J]. International journal of information management, 35 (2): 183−191.

HLEE S, 2021. How reviewer level affects review helpfulness and reviewing behavior across hotel classifications: the case of Seoul in Korea [J]. Industrial management & data systems, 121 (6): 1191−1215

HONG H, XU D, WANG G A, et al., 2017. Understanding the determinants of online review helpfulness: a meta-analytic investigation [J]. Decision support systems (102): 1−11.

HOWDEN C, PRESSEY A D, 2008. Customer value creation in professional service relationships: the case of credence goods [J]. The service industries journal, 28 (6): 789−812.

HU Y-H, CHEN K C, LEE P-J, 2016. The effect of user-controllable filters on the prediction of online hotel reviews [J]. Information & management, 54 (6): 728−744.

HU Y-H, CHEN Y-L, CHOU H-L, 2017. Opinion mining from online hotel reviews-a text summarization approach [J]. Information processing and management, 53 (2): 436−449.

HUANG A H, CHEN K, YEN D C, et al., 2015. A study of factors that contribute to online review helpfulness [J]. Computers in human behavior, (48): 17−27.

HUANG M X, ALI R, LIAO J Y, 2017. The effect of user experience in online games on word of mouth: a pleasure-arousal-dominance (PAD) model perspective [J]. Computers in human behavior (75): 329−338.

JHA N, MAHMOUD A, 2018. Using frame semantics for classifying and summarizing application store reviews [J]. Empirical software engineering (23): 3734−3767.

JOHNSON D S, GRAYSON K, 2005. Cognitive and affective trust in service relationships [J]. Journal of business research (58): 500−507.

KETRON S, 2017. Investigating the effect of quality of grammar and mechanics (QGAM) in online reviews: the mediating role of reviewer crediblity [J]. Journal of business research (81): 51−59.

KIM J M, KIM M, KEY S, 2020. When profile photos matter: the roles of reviewer profile photos in the online review generation and consumption processes [J]. Journal of research in interactive marketing, 14 (4): 391−412.

KIM S, KANDAMPULLY J, BILGIHAN A, 2018. The influence of eWOM communications: an application of online social network framework [J]. Computers in human behavior (80): 243−254.

KORFIATIS N, GARCÍA-BARIOCANAL E, SÁNCHEZ-ALONSO S, 2012. Evaluating content quality and helpfulness of online product reviews: the interplay of review helpfulness vs. review content [J]. Electronic commerce research and applications, 11 (3): 205-217.

KRISHNAMOORTHY S, 2015. Linguistic features for review helpfulness prediction [J]. Expert systems with applications, 42 (7): 3751-3759.

KUAN K K Y, HUI K L, PRASARNPHANICH P, et al., 2015. What Makes a Review Voted? An Empirical Investigation of Review Voting in Online Review Systems [J]. Journal of the association for information systems, 16 (1): 48-71.

KWAK S Y, SHIN M, LEE M, et al., 2023. Integrating the reviewers' and readers' perceptions of negative online reviews for customer decision-making: a mixed-method approach [J]. International journal of contemporary hospitality management, 35 (12): 4191-4216.

LADHARI R, 2007. The effect of consumption emotions on satisfaction and word-of-mouth communications [J]. Psychology and marketing, 24 (12): 1085-1108.

LEE P-J, HU Y-H, LU K-T, 2018. Assessing the helpfulness of online hotel reviews: a classification-based approach [J]. Telematics and informatics, 35 (2): 436-445.

LEE S G, TRIMI S, YANG C-G, 2018. Perceived Usefulness Factors of Online Reviews: A Study of Amazon.com [J]. Journal of computer information systems, Taylor & Francis, 58 (4): 344-352.

LEE S, CHOEH J Y, 2014. Predicting the helpfulness of online reviews using multilayer perceptron neural networks [J]. Expert systems with applications, 41 (6): 3041-3046.

LEE S, CHOEH J Y, 2016. The determinants of helpfulness of online reviews [J]. Behaviour & information technology, 35 (10): 853-863.

LI C-Y, 2019. How social commerce constructs influence customers' social shopping intention? an empirical study of a social commerce website [J]. Technological forecasting and social change (144): 282-294.

LI J, ZHANG Y L, LI J P, et al., 2022. The role of sentiment tendency in affecting review helpfulness for durable products: nonlinearity and complementarity [J]. Information systems frontiers (25): 1459-1477.

LI S-T, PHAM T-T, CHUANG H-C, 2019. Do reviewers' words affect predicting their helpfulness ratings? locating helpful reviewers by linguistics styles [J]. Information & management, 56 (1): 28-38.

LIU A X, LI Y L, XU S X, 2021. Assessing the unacquainted: inferred reviewer personality and review helpfulness [J]. Management information systems quarterly, 45 (3): 1113−1148.

LIU H F, CHU H L, HUANG Q, et al., 2016. Enhancing the flow experience of consumers in China through interpersonal interaction in social commerce [J]. Computers in human behavior (58): 306−314.

LIU Z W, PARK S, 2015. What makes a useful online review? Implication for travel product websites [J]. Tourism management (47): 140−151.

LOUREIRO S M C, 2014. The role of website quality on PAD, attitude and intentions to visit and recommend island destination [J]. International journal of tourism research, 17 (6): 545−554.

LU S Y, WU J N, TSENG S-L, 2018. How online reviews become helpful: a dynamic perspective [J]. Journal of interactive marketing, 44 (1): 17−28.

LUAN J, YAO Z, ZHAO F T, et al., 2016. Search product and experience product online reviews: An eye-tracking study on consumers' review search behavior [J]. Computers in human behavior (65): 420−430.

LUQMAN A, CAO X F, ALI A, et al., 2017. Empirical investigation of Facebook discontinues usage intentions based on SOR paradigm [J]. Computers in human behavior (70): 544−555.

MALIK M S I, HUSSAIN A, 2017. Helpfulness of product reviews as a function of discrete positive and negative emotions [J]. Computers in human behavior (73): 290−302.

MALIK M S I, HUSSAIN A, 2018. An analysis of review content and reviewer variables that contribute to review helpfulness [J]. Information processing and management, 54 (1): 88−104.

MALIK M S I, HUSSAIN A, 2020. Exploring the influential reviewer, review and product determinants for review helpfulness [J]. Artificial intelligence review (53) : 407−427.

MASSEY G R, WANG P Z, KYNGDON A S, 2019. Conceptualizing and modeling interpersonal trust in exchange relationships: the effects of incomplete model specification [J]. Industrial marketing management (76): 60−71.

MCALLISTER D J, 1995. Affect-and cognition-based trust as foundations for interpersonal cooperation in organizations [J]. Academy of management journal, 38 (1): 24−59.

MUDAMBI M S, SCHUFF D, 2010. What makes a helpful online review? a study of customer reviews on amazon.com [J]. MIS quarterly, 34 (1): 185-200.

NOONE B M, ROBSON S K A, 2016. Understanding consumers' inferences from price and nonprice information in the online lodging purchase decision [J]. Service science, 8 (2): 108-123.

ONG T, MANNINO M, GREGG D, 2014. Linguistic characteristics of shill reviews [J]. Electronic commerce research and applications, 13 (2): 69-78.

OU W, HUYNH V-N, SRIBOONCHITTA S, 2018. Training attractive attribute classifiers based on opinion features extracted from review data [J]. Electronic commerce research and applications (32): 13-22.

PAN Y, ZHANG J Q, 2011. Born unequal: a study of the helpfulness of user-generated product reviews [J]. Journal of retailing, 87 (4): 598-612.

PARK S, NICOLAU J L, 2015. Asymmetric effects of online consumer reviews [J]. Annals of tourism research (50): 67-83.

QAZI A, SYED K B S, RAJ R G, et al., 2016. A concept-level approach to the analysis of online review helpfulness [J]. Computers in human behavior (58): 75-81.

RACHERLA P, MANDVIWALLA M, CONNOLLY D J, 2012. Factors affecting consumers' trust in online product reviews [J]. Journal of consumer behaviour, 11 (2): 94-104.

ROY S K, BALAJI M S, SOUTAR G, et al., 2018. Customer engagement behavior in individualistic and collectivistic markets [J]. Journal of business research (86): 281-290.

SALEHAN M, KIM D J, 2015. Predicting the performance of online consumer reviews: a sentiment mining approach to big data analytics [J]. Decision support systems (81): 30-40.

SAUMYA S, SINGH J P, BAABDULLAH A M, et al., 2018. Ranking online consumer reviews [J]. Electronic commerce research and applications (29): 78-89.

SHEN X-L, ZHANG K Z K, ZHAO S J, 2016. Herd behavior in consumers' adoption of online reviews [J]. Journal of the association for information science and technology, 67 (11): 2754-2765.

SHEN Y, SHAN W, LUAN J, 2018. Influence of aggregated ratings on purchase decisions: an event-related potential study [J]. European journal of marketing, 52 (1/2): 147-158.

SHIM D, KIM J G, ALTMANN J, 2016. Identifying key drivers and bottlenecks in the adoption of E-book readers in Korea [J]. Telematics and informatics, 33 (3): 860-871.

SIERING M, MUNTERMANN J, RAJAGOPALAN B, 2018. Explaining and predicting online review helpfulness: the role of content and reviewer-related signals [J]. Decision support systems (108): 1-12.

SINGH J P, IRANI S, RANA N P, et al., 2017. Predicting the "helpfulness" of online consumer reviews [J]. Journal of business research (70): 346-355.

SUSSMAN S W, SIEGAL W S, 2003. Informational influence in organizations: an integrated approach to knowledge adoption [J]. Information systems research, 14 (1): 47-65.

SWAR B, HAMEED T, REYCHAV I, 2017. Information overload, psychological ill-being, and behavioral intention to continue online health care information search [J]. Computers in human behavior (70): 416-425.

ULLAH R, ZEB A, KIM W, 2015. The impact of emotions on the helpfulness of movie reviews [J]. Journal of applied research and technology, 13 (3): 359-363.

VERKIJIKA S F, DE WET L, 2019. Understanding word-of-mouth (WOM) intentions of mobile app users: the role of simplicity and emotions during the first interaction [J]. Telematics and informatics (41): 218-228.

VOLKINBURG H V, BALSAM P, 2014. Effects of emotional valence and arousal on time perception [J]. Timing and time perception, 2 (3): 360-378.

WANG C, CHEN G Q, WEI Q, 2018. A temporal consistency method for online review ranking [J]. Knowledge-based systems, 2018 (143): 259-270.

WANG W C, LI F, YI Z L, 2019. Scores vs. stars: a regression discontinuity study of online consumer reviews [J]. Information management, 56 (3): 418-428.

WANG W, CHEN R R, OU C X J, et al., 2019. Media or message, which is the king in social commerce?: an empirical study of participants' intention to repost marketing messages on social media [J]. Computers in human behavior (93): 176-191.

WILLEMSEN L M, NEIJENS P C, BRONNER F, et al, 2011. "Highly recommended!" the content characteristics and perceived usefulness of online consumer reviews [J]. Journal of computer-mediated communication, 17 (1): 19-38.

WU J-J, TSANG A S L, 2008. Factors affecting members' trust belief and behaviour intention in virtual communities [J]. Behaviour & information technology, 27 (2): 115-125.

WU P F, 2013. In search of negativity bias: an empirical study of perceived helpfulness of online reviews [J]. Psychology & marketing, 30 (11): 971-984.

XIANG L, ZHENG X, ZHANG K Z K, et al., 2018. Understanding consumers' continuance intention to contribute online reviews [J]. Industrial management & data systems, 118 (1): 22-40.

YAN L P, WANG X C, 2018. Why posters contribute different content in their positive online reviews: a social information-processing perspective [J]. Computers in human behavior (82): 199-216.

YANG J, SARATHY R, LEE J K, 2016. The effect of product review balance and volume on online shoppers' risk perception and purchase intention [J]. Decision support systems (89): 66-76.

YIN D Z, MITRA S, ZHANG H, 2016. When do consumers value positive vs. negative reviews? an empirical investigation of confirmation bias in online word of mouth [J]. Information systems research, 27 (1): 131-144.

ZHANG C H, LU T, CHEN S C, et al., 2017. Integrating ego, homophily, and structural factors to measure user influence in online community [J]. IEEE transactions on professional communication, 60 (3): 292-305.

ZHANG R, YU W Z, SHA C F, et al., 2015. Product-oriented review summarization and scoring [J]. Frontiers of computer science, 9 (2): 210-223.

ZHANG Y J, LIN Z J, 2018. Predicting the helpfulness of online product reviews: a multilingual approach [J]. Electronic commerce research and applications, (27): 1-10.

ZHAO J, HA S J, WIDDOWS R, 2013. Building trusting relationships in online health communities [J]. Cyberpsychology, behavior, and social networking, 16 (9): 650-657.

ZHENG X L, ZHU S, LIN Z X, 2013. Capturing the essence of word-of-mouth for social commerce: assessing the quality of online e-commerce reviews by a semi-supervised approach [J]. Decision support systems (56): 211-222.

ZHU L, YIN G P, HE W, 2014. Is this opinion leader's review useful? peripheral cues for online review helpfulness [J]. Journal of electronic commerce research, 15 (4): 267-280.

附　录

附录1　消费者感知在线评论有用性的情感心理和行为调查问卷

尊敬的先生/女士：

　　您好！非常感谢您对本次调研的支持。为了了解消费者感知在线评论有用性的情感心理和行为变化，设计了本次调查问卷。您对本次调研的支持对我们完成后续研究十分重要。本次调研将采取不记名的形式获取相关信息，所获数据也仅用于科研学术研究，不会将任何信息内容进行泄漏，感谢您对此次调查问卷填写工作的支持和配合！

一、基本情况

1. 性别：□男　□女
2. 教育水平：□初中及以下　□高中/中专　□大学及以上学历
3. 年龄：□20以下　□20~39　□40~59　□60以上

二、问卷调查部分

　　本研究采用李克特七级量表进行打分，请对以下变量的测量题项进行评分：非常不同意（1），不同意（2），比较不同意（3），中立（4），比较同意（5），同意（6），非常同意（7）。

变量	测量题项	打分
信息质量（IQ）	我认为评论内容可以满足我的需求	
	我认为评论内容对产品各个特征有详细的描述	
	我认为评论内容是完整的和易于理解的	
感知相似性（PS）	我和发评者有相似的观点	
	我和发评者有相似的态度	
	我和发评者有相似的语言风格	

变量	测量题项	打分
决策支持工具 （DST）	我认为在线评论决策支持工具对筛选信息是有帮助的	
	我会经常使用在线评论决策支持工具	
	我认为在线评论决策支持工具提高了信息搜索水平	
推荐信号 （RS）	我会参考系统的推荐信号	
	我认为推荐信号的评价准确	
	我认为推荐权重设置合理	
愉快情感 （PL）	当我阅读在线评论时，我感觉快乐	
	当我阅读在线评论时，我感觉满意	
	当我阅读在线评论时，我感觉有希望获取有用的信息	
唤起情感 （AR）	放松、兴奋	
	平静、激动	
	无趣、有趣	
投票赞同行为 （AP）	我认为在线评论是有帮助的，我会投票	
	我认为在线评论提供的信息满足了我的需要，我会投票	
	我认为在线评论使决策变得更加容易，我会投票	
问答行为 （QA）	在线评论是有帮助的，但我还会通过问答平台询问详细的信息	
	在线评论满足了我的需要，但我还会通过问答平台询问详细的信息	
	在线评论使决策变得更加容易，但我还会通过问答平台询问详细的信息	

调查问卷结束，感谢您的支持与参与！

附录2 消费者感知在线评论有用性的信任心理和行为调查问卷

尊敬的先生/女士：

您好！非常感谢您对本次调研的支持。为了了解消费者感知在线评论有用性的信任心理和行为变化，设计了本次调查问卷。您对本次调研的支持对我们完成后续研究十分重要。本次调研将采取不记名的形式获取相关信息，所获数据也仅用于科研学术研究，不会将任何信息内容进行泄漏，感谢您对此次调查问卷填写工作的支持和配合！

一、基本情况

1. 性别：□男 □女
2. 教育水平：□初中及以下 □高中/中专 □大学及以上学历

3. 年龄：□20 以下　　□20～39　　□40～59　　□60 以上

二、问卷调查部分

假设您打算购买医疗信任型商品（如医疗健康咨询），对于已有在线评论信息内容请您以打分形式表示您的看法。本研究采用李克特 7 级量表进行打分，请对以下变量的测量题项进行评分：非常不同意（1），不同意（2），比较不同意（3），中立（4），比较同意（5），同意（6），非常同意（7）。

变量	测量题项	打分
信息质量 （IQ）	我认为评论内容可以满足我的需求	
	我认为评论内容对产品各个特征有详细的描述	
	我认为评论内容是完整的和易于理解的	
感知相似性 （PS）	我和发评者有相似的观点	
	我和发评者有相似的态度	
	我和发评者有相似的语言风格	
决策支持工具 （DST）	我认为在线评论决策支持工具对了解在线医疗服务是有帮助的	
	我会经常使用在线评论决策支持工具	
	我认为在线评论决策支持工具有益于更好了解在线医疗服务水平	
推荐信号 （RS）	我会参考系统推荐信号	
	我认为推荐评价准确	
	我认为推荐权重设置合理，考虑多方面因素	
认知信任 （CS）	我认为评论者发表的内容是好的	
	我认为评论者发表的内容是公正的	
	我认为评论者发表的内容是可靠的	
情感信任 （AS）	我喜欢读在线医疗服务评论	
	我认为在线医疗服务评论是真诚的	
	我认为如果我向评论者咨询在线医疗服务的问题会得到很好的回复	
购买行为 （PI）	我会考虑购买在线医疗商品	
	我很可能购买在线医疗商品	
	我购买在线医疗商品的意愿很强	
推荐行为 （RI）	我愿意把在线医疗服务推荐给我的朋友	
	我愿意把在线医疗服务推荐给我的亲人	
	我愿意把在线医疗服务推荐给其他向我询问建议的人	

调查问卷结束，感谢您的支持与参与！

后 记

在线评论作为网络口碑的一种重要方式，对消费者购买决策具有重要的参考价值。因此，为消费者提供有用的在线评论对于广大消费者和电子商务平台都具有重要意义。本书分析了消费者感知在线评论的构成要素、形成阶段和消费者感知在线评论有用性的形成路径及内部因素的影响机制，并基于消费者感知过程对在线评论有用性进行评价和提出改进策略，有利于提高消费者对在线评论有用性的感知和优化在线评论平台的功能和服务。

消费者感知在线评论有用性形成机理及评价研究的主要研究工作及创新性研究成果如下：

（1）揭示了消费者感知在线评论有用性的形成机理。

在分析消费者感知过程、在线评论特点和在线有用性内涵的基础上，从消费者感知在线评论有用性的过程要素、信息需求拉动、信息资源供给驱动和信息技术支持推动等方面对消费者感知在线评论的形成动力进行剖析；从刺激因素识别阶段、信息加工阶段和行为反应阶段对消费者感知在线评论的形成阶段进行分析；从信息内容、信息人和信息技术三个维度来分析消费者感知在线评论有用性的刺激因素；说明消费者感知在线评论有用性的方式包括情感路径和信任路径。

（2）构建了基于 SOR 理论的消费者感知在线评论有用性的心理和行为模型。

基于信息生态系统理论，从信息内容、信息人和信息技术三个方面分析其对愉快情感和唤起情感的作用效果及情感对消费者行为的影响。弥补了信息采纳模型仅考虑信息内容和信源可靠性两方面影响因素的不足，分析了信息技术对消费者感知在线评论有用性的作用效果。此外，根据效应层级模型和信任理论对消费者感知在线评论有用性的认知信任和情感信任机制进行分析，并运用结构方程模型以信任型产品的在线评论为研究对象进行检验，从而了解消费者如何通过不同信任方式增加其对在线评论的感知有用性。

（3）运用 DEA 模型对在线评论有用性进行评价。

基于消费者感知在线评论有用性形成机理和内部因素之间的影响机制分析，运用 DEA 模型，以知识传递效率作为评价在线评论有用性的标准，根据松弛变量分析发现在线评论在投入产出方面存在的问题。

（4）提出在线评论有用性的改进策略。

从信息内容、信息人和信息技术等方面提出在线评论有用性的改进策略，包括对在线评论信息内容进行序化和中心化，从提升平台服务能力和优化激励措施两方面吸引信息主体参与在线评论社群行为，并考虑多种因素，对评论标签摘要的生成提出改善策略和完善在线评论排序功能，从而实现在线评论信息技术水平的提高。

研究不足和展望：情感是消费者感知在线评论有用性的重要心理因素，本书分别分析愉快情感和唤起情感对消费者感知在线评论有用性的影响，但并未对两种情感之间的关系做进一步分析，这都是未来可以进一步探索的内容。

这本书主要以电子商务中的在线评论评论有用性为研究对象的，在日常生活中我也会基于在线评论进行购买决策，对于我来说是一个很贴近现实、又很有趣的一个选题。我通过分析消费者感知在线评论有用性的过程和影响机理，可以了解其对消费者情感心理的影响，这对于为消费者提供更有价值的在线评论是有帮助的。

这本书的完成感谢郑州轻工业大学经济与管理学院在出版过程中的支持，感谢四川大学出版社编辑的辛勤工作，也感谢家人对我的陪伴和鼓励。

由于作者知识水平有限，书中的不足指出还请业内专家、学者和读者批评指正。

王 俭

2024 年 8 月 28 日